PUBLICATION DE LA SOCIÉTÉ DES ARCHIVES HISTORIQUES

DE LA SAINTONGE ET DE L'AUNIS

LES ÉTABLISSEMENTS
RELIGIEUX ET HOSPITALIERS

A ROCHEFORT (1683-1715)

DOCUMENTS PUBLIÉS

PAR

Louis DELAVAUD

LA ROCHELLE
IMPRIMERIE NOUVELLE NOEL TEXIER
29, RUE DES SAINTE-CLAIRE, 29

1912

LES ÉTABLISSEMENTS
RELIGIEUX ET HOSPITALIERS
A ROCHEFORT

Extrait du tome XLIII de la Société des Archives historiques
de la Saintonge et de l'Aunis.

PUBLICATION DE LA SOCIÉTÉ DES ARCHIVES HISTORIQUES

DE LA SAINTONGE ET DE L'AUNIS

LES ÉTABLISSEMENTS
RELIGIEUX ET HOSPITALIERS

A ROCHEFORT (1683-1715)

DOCUMENTS PUBLIÉS

PAR

Louis DELAVAUD

LA ROCHELLE
IMPRIMERIE NOUVELLE NOEL TEXIER
29, RUE DES SAINTE-CLAIRE, 29

1912

LES ÉTABLISSEMENTS
RELIGIEUX ET HOSPITALIERS
A ROCHEFORT
1683-1715.

Documents publiés par M. Louis Delavaud.

En 1885, M. L. Audiat a publié dans les *Archives* (tome XIII, p. 371-472), sous le titre : *Saint Vincent de Paul et sa congrégation à Saintes et à Rochefort (1642-1746)*, une importante série de documents sur les fondations faites en Saintonge et en Aunis, soit par l'apôtre de la charité lui-même, soit sous son inspiration directe, et sur les œuvres de ses successeurs. La notice qui précède les documents publiés, est, sous la forme modeste que notre regretté Président a voulu lui donner, une esquisse très poussée de l'histoire religieuse de notre province pendant plus d'un siècle : L. Audiat, a retracé les traits marquants de l'histoire des établissements religieux et hospitaliers de Rochefort sous le règne de Louis XIV (1).

Sans avoir à ajouter de faits essentiels à ce mémoire aussi intéressant qu'érudit, je crois devoir publier aujourd'hui quelques documents complémentaires qui concernent la paroisse et les hôpitaux de Rochefort depuis l'installation des Lazaristes jusqu'à la fin du règne de Louis XIV.

La plupart de ces documents sont extraits des Archives de la marine, ou des papiers de l'Intendant Arnoul qui, achetés il

---

(1) Voir aussi dans les *Annales de la Congrégation de la mission*, 1885-1886, les recherches sur les origines et les travaux de nos maisons, analysées dans le *Bulletin de la Société des Archives*, t. VI, 1886, p. 289-293.

y a quelques années par la bibliothèque nationale, forment, au Cabinet des manuscrits (fonds des nouvelles acquisitions), une série de plus de cent volumes (1), très riche en documents intéressant l'histoire de la marine et spécialement celle des ports de Rochefort et de La Rochelle (2).

Pierre Arnoul fut, on le sait, intendant à Rochefort et dans l'Aunis de 1683 à 1688 (3). Né en 1649 (4), il eut, dès 1668, une

---

(1) Une liste, avec une analyse sommaire, en a été donnée par M. R. Latouche, dans la *Revue des bibliothèques*, 1908, p. 244 et suivantes.

(2) Je signale aux chercheurs l'importante contribution que l'étude des papiers d'Arnoul apporterait à l'histoire des mesures qui ont préparé et suivi la révocation de l'édit de Nantes. La lecture de cette partie de la correspondance (fonds cité, volumes 21.328 à 21.335, 21.398, 21.442) est vraiment poignante. M. l'abbé Griselle en a publié des fragments dans les *Documents d'histoire* (année 1910, p. 270 et suiv., 584 et suiv. ; — année 1911, p. 580 et suiv.) Beaucoup de lettres d'Arnoul sur la même question, provenant d'autres dépôts d'archives, ont été publiées par M. A. Letelié (*Fénelon en Saintonge et la révocation de l'édit de Nantes*, dans les *Archives*, t. XIII).

(3) Sous plusieurs titres, comme cela était d'usage avant la création de la généralité de La Rochelle : intendant de la marine à Rochefort, commissaire départi pour l'exécution des ordres du Roi au pays d'Aunis, à La Rochelle, etc. Les commissions qu'il reçut à cet effet et qui datent du 17 février et du 13 décembre 1683 et du 10 juillet 1684 se trouvent en original dans un des volumes de la collection de ses papiers (fonds cité, volume 21.416, fol. 428-440). Ce même volume contient (fol. 441) un état de la vaisselle d'argent fournie à M. Arnoul en février 1683, lors de son envoi à Rochefort : pièce assez curieuse. Arnoul arriva à Rochefort dès le mois de janvier, en vertu d'un ordre de Seignelay, qui, le 2 janvier, lui annonçait que sa nomination allait être signée (vol. 21.229).

(4) Il était fils de Nicolas Arnoul, né le 18 septembre 1608, mort à Marseille le 18 octobre 1674, intendant de la marine et des galères, un des meilleurs auxiliaires de Mazarin et de Colbert dans l'administration de la marine du Levant. D'abord commis de Sublet de Noyers, secrétaire d'Etat de la guerre, il avait été, dit-on, candidat à sa succession en 1642. « Il avait donné à M. Colbert les premiers emplois qu'il eut jamais » : c'est Pierre Arnoul qui nous l'assure dans une notice qui fait partie de la collection indiquée (vol. 21.416, fol. 2). On trouve dans le même volume une commission donnée le 2 mars 1641 à Nicolas Arnoul, « commis de M. de Noyers » pour acheter des blés (fol. 156), de très curieuses pièces sur la liquidation de sa succession, l'inventaire de ses meubles, etc. Ses papiers administratifs et sa correspondance remplissent plusieurs volumes de la même série. Dans des quittances de 1643

mission pour étudier l'organisation des arsenaux et la construction des vaisseaux et galères à Venise, à Gênes, en Toscane; en 1671, il accompagna Seignelay faisant un voyage d'études en Italie (1) ; il fut nommé commissaire général de la marine le 24 août 1671, puis contrôleur général de la marine du Ponant, des réparations et des fortifications des places maritimes (21 avril 1672), intendant des galères de France et des fortifications de Provence (26 juillet 1673), intendant de la marine du Levant et des fortifications (2 janvier 1675). Révoqué en 1679, il fut replacé, le 4 janvier 1680, comme intendant de la marine au Havre ; il fut nommé intendant des fortifications de Bayonne en 1681 et de l'île de Ré en 1682. Quand il quitta Rochefort, ce fut pour être intendant des fortifications en Picardie et dans le pays reconquis (31 octobre 1689), puis inspecteur général des classes (30 octobre 1692), fonctions qu'il conserva dix-huit

---

et 1650 (cabinet des titres, *Pièces originales*, volume 102, dossier 2.096, fol. 37 et 38), Nicolas Arnoul est qualifié de conseiller et maître d'hôtel du Roi ; ce même volume contient un contrat passé le 31 août 1658 devant le notaire Turmenyes et par lequel Nicolas Arnoul, seigneur de Lormoy, demeurant rue de la Cerisaie, cède l'office d'intendant ancien des bâtiments du Roi à Louis Le Vau, conseiller et secrétaire du Roi, premier architecte de sa Majesté, demeurant rue du Roi de Sicile (*ibid.*, fol. 39) ; mais presque tout le volume est occupé par les dossiers d'autres familles du même nom, notamment (dossier 2.098) la famille saintongeaise des Arnoul, seigneurs de Saint-Simon, Nieul, etc. (Voir aussi, sur ceux-ci, le dossier bleu 743, au cabinet des titres), n'ayant aucun lien de parenté avec celle des intendants. Pierre Arnoul, dans un mémoire qui est dans ses papiers (vol. 21.416) a donné sur ses ascendants des renseignements sommaires. L'arrêt du 24 octobre 1705 maintenant Pierre Arnoul dans sa noblesse et plusieurs autres documents généalogiques se trouvent au cabinet des titres, dans les volumes 32 et 554 des *dossiers bleus*. Le père de Nicolas Arnoul, Bernard, qui mourut le 30 avril 1640, était avocat et trésorier des cent Gentilshommes de la maison du Roi (Il figure avec ce titre dans les comptes de Raymond Phélypeaux, trésorier de l'Epargne, en 1607 : volume 106 des *Cinq-Cents Colbert*, fol. 13) ; il avait un frère qui fut premier commis de M. de Noyers, puis entra dans l'ordre des Jésuites, et une sœur qui, mariée à M. de Bordeaux, fut la mère de l'intendant de ce nom (Guillaume) et la grand'mère de Bordeaux, ambassadeur de France en Angleterre de 1652 à 1660, décédé le 8 janvier 1660.

(1) Le volume 21.402 contient les pièces relatives aux dépenses des voyages d'Arnoul en Italie (Voir : *Lettres, Instructions et Mémoires de Colbert*, t. III, Ire partie, p. 131 et suiv.)

ans. En 1703 il eut une mission en Espagne « pour affaires secrètes ». En 1710, il fut nommé intendant général des galères et du commerce ; il avait encore cet emploi lorsque la mort le surprit, au cours d'un voyage à Paris, le 17 octobre 1719 (1).

Arnoul n'a pas été toujours jugé favorablement, il s'en faut. Les ministres, ses chefs, ne lui ont pas ménagé les réprimandes : voici, à titre d'exemple, une lettre de Seignelay, du 3 juillet 1683.

« Je suis bien aise de vous expliquer que vous devez corriger le stile dont vous vous servez pour m'escrire. En premier lieu vous le faites trop diffus, et vous m'envoyez des rames de papier pour des affaires qui ne méritent pas quatre lignes, et en second je vous ay desjà fait scavoir que vous deviez vous expliquer plus nettement sur les propositions que vous faites et entrer dans le détail de la manière dont vous prétendez le faire réussir, estant nécessaire que j'en sois informé afin de pouvoir vous respondre, non seulement sur la nature de la proposition, mais mesme sur les expédiens qui peuvent en assurer le succez, et pour vous faire entendre ma pensée. Vous me parlez par enigme des moyens de faire éviter aux vaisseaux les rochers qui sont dans la rivière de Charente sans expliquer comment vous y voulez parvenir, vous faites la mesme chose a l'esgard de la proposition de conduire de l'eau salée à Rochefort ; vous proposez de faire lever des soldats par des gens qui voudroient par là obtenir d'être gardes de marine sans me faire scavoir quels sont ceux qui font cette proposition, vous n'entrez dans aucun détail ny de la dépense à faire pour mettre vostre secret des poudres en œuvre, ny des moyens dont vous prétendez vous servir, vous m'escrivez que vous avez trouvé celuy de mettre sur les hauts des vaisseaux deux canons de cent livres de balle

---

(1) Rue du Bouloi, à l'hôtel Notre-Dame (maison subsistant encore, au n° 9 de la rue). Le testament qu'il fit la veille de sa mort est au cabinet des titres (*Pièces originales*, vol. 102, dossier 2.097, fol. 6), avec deux autres pièces relatives à l'exécution de ce testament et dressées au nom de Deslandres, tuteur des enfants d'Arnoul. Celui-ci avait désigné comme exécuteurs testamentaires son frère François Arnoul de Vaucresson, et ses parents l'abbé Bailly et le président Croiset. Arnoul de Vaucresson, chevalier de Malte de minorité en 1668, avait été nommé commissaire ordinaire de la marine à Rochefort en 1683 ; « voilà six mois que la fièvre ne le quitte pas », écrivait son frère le 12 janvier 1685 ; il fut intendant aux îles d'Amérique, puis à Marseille, où il mourut en 1726, sans alliance ; il laisse ses biens à l'Hôtel-Dieu.

sans entrer dans aucun détail, et mil autres choses de cette nature qui ne me reviennent point à présent dans l'esprit. Il faut en un mot que vous vous corrigiez de ces manières qui ne me conviennent point, et que vous parliez précisément sur chaque matière en m'expliquant les moyens dont vous prétendez vous servir pour faire réussir vos propositions » (1).

Et le 24 juillet 1684, le ministre écrivait encore : « Il arrive presque toujours à Rochefort que ce qui doit être expédié en trois semaines est quelquefois en retard de trois mois ; il est impossible que le service de Sa Majesté se fasse de cette manière » (2).

Etait-ce là de ces moments d'impatience dont les ministres sont coutumiers, parfois, envers les meilleurs fonctionnaires ? ou une appréciation justifiée ou raisonnée ? je ne saurais en décider ; mais je remarque que les observations faites à Arnoul furent assez fréquentes et plutôt sévères (3).

Les protestants se sont plaints, non sans raison, de sa dureté. D'autre part, si l'on n'a pas incriminé ses mœurs, on s'est étonné et scandalisé de l'influence exercée sur l'intendant comme sur toute sa famille, y compris sa mère, par une intrigante, sensiblement plus âgée que lui, et qu'il finit par épouser lorsque déjà une série très singulière de mariages disproportionnés avait uni les deux familles. Ces aventures à peine croyables paraissent dénoter chez les Arnoul une mentalité spéciale : une crédulité sans bornes, l'habitude de céder à leurs impressions sans en examiner la valeur réelle, l'entêtement dans des opinions adoptées à la légère. Cette appréciation est confirmée par la lecture de leurs papiers, où abondent les pièces de procédure et des mémoires justificatifs très verbeux ; elle est corroborée par les récits des contemporains.

Pour une fois, la médisante Mme Dunoyer n'a pas altéré la vérité, dans le récit qu'elle fait (4) des avantures de Mme de

---

(1) Bibliothèque nationale, nouvelles acquisitions françaises, mss. 21.329, fol. 427.

(2) P. Margry, *Mémoires et documents pour servir à l'histoire des origines françaises des pays d'Outre-Mer*, 1879, t. II, p. 394.

(3) Voir aussi : *Lettres, instructions et mémoires de Colbert*, t. III, Ire partie, p. 213, 400, 526, 574 ; supplément, p. 7, 24, 37, 173 ; etc.

(4) *Lettres historiques et galantes*, lettres III, VI et XXV. — Cf. *Lettres... de Colbert*, t. III, 2e partie, p. 181. Les papiers d'Arnoul confirment ces récits extraordinaires.

Rus (1) qui avait capté toute la confiance des Arnoul, au point de diriger leurs affaires, et même leurs affaires de cœur, au gré de ses fantaisies. C'en était une singulière de vouloir marier son fils, âgé de 27 ans, à la mère de Pierre Arnoul (2) qui avait dépassé la cinquantaine; mais après avoir uni deux conjoints d'âge si disproportionné, c'était plus bizarre de travailler et de réussir à marier son second fils à Mlle Arnoul (3), qui devenait ainsi la belle-sœur de sa mère. Pour couronner son œuvre, Mme de Rus voulut, comme avait fait son amie, contemporaine et belle-fille, épouser un jeune homme, et ce fut Pierre Arnoul lui-même, qui se laissa faire, étant sous le charme de cette sexagénaire et toujours prêt à soutenir qu'il avait raison de l'aimer. Si bien que, comme l'a remarqué un généalogiste (4), « par l'arrangement singulier de cette femme ingénieuse, Pierre Arnoul devint tout à la fois beau-père de ses deux fils (à elle), beau-fils de l'aîné et beau-frère du puîné (5), tandis qu'elle devint elle-même belle-fille de son fils aîné et belle-sœur de son fils puîné, le fils aîné beau-père de sa mère et de son beau-père, le fils puîné beau-frère de sa mère, beau-fils de son frère et gendre (beau-fils) de

---

(1) Françoise de Soissons de la Bédosse, mariée à Esprit de Rafélis de Rus, lieutenant de l'artillerie de France à Bourg-en-Bresse, 1669, puis capitaine de vaisseau, arrière-petit-fils d'une Grignan. Elle était fille de Jacques de Soissans, seigneur de la Bédosse et d'Arènes (d'une famille du Languedoc), et de Jeanne de Soyan, d'une famille du Dauphiné.

(2) Geneviève Saulger, fille de Pierre, conseiller du Roi, garde des rôles des offices de France, et de Geneviève Ninan ; mariée à Nicolas Arnoul suivant contrat du 13 février 1643, séparée de lui en 1660, veuve le 18 septembre 1674, remariée à Carpentras, le 26 mai 1676, à Horace-Joseph de Rafélis, seigneur de Saint-Sauveur et de Vilard, capitaine des gardes du duc de Mazarin (gouverneur d'Alsace). Une lettre adressée par elle à Colbert se trouve à la Bibliothèque nationale, dans les *Mélanges Colbert*, volume 129, fol. 7. Elle mourut à Paris le 26 octobre 1683. Son jeune époux se remaria à Catherine des Isnards.

(3) Geneviève Arnoul, marié à Pierre-Dominique de Rafélis de Soissans, capitaine d'une galère du Roi en 1663, chevalier de Saint-Maurice et Saint-Lazare en 1673 ; ils eurent quatre enfants.

(4) Pithon-Curt, *Histoire de la noblesse du Comtat-Venaissin*, t. IV, p. 567, cité par A. de Boislisle, *Mémoires de Saint-Simon*, t. VI, p. 230.

(5) On pourrait dire : beau-père de son beau-frère, beau-père de son beau-père et beau-fils de son beau-fils.

sa belle-sœur, et tout cela sans dispense et sans inceste ». Si de son mariage, l'intendant Arnoul avait eu des enfants, ce serait devenu un jeu de casse-tête pour ses administrés d'énumérer les liens de parenté multiples des membres de cette famille.

Rien, d'ailleurs, n'étonnait de Mme Arnoul, « dont la vie est un roman, et qui, laide comme le péché, et vieille et pauvre et veuve, a fait les plus grandes passions, a gouverné les plus considérables des lieux où elle s'est trouvé, se fit aimer et redouter partout où elle vécut, au point que la plupart la croyaient sorcière ». C'est Saint-Simon qui le dit (1) : Après s'être assuré la fortune des Arnoul, qui était notable, et avoir conquis le rang qu'elle rêvait, elle fit tout pour consolider sa situation, qui risquait d'être ébranlée par les récriminations et les réclamations de sa belle-fille et belle-sœur (2). Comme les Arnoul, elle avait été toujours dévote ou avait feint de l'être ; et, somme toute, si une ambition qui prend l'intrigue à son service, risque d'entraîner à bien des actions peu délicates, ou même coupables, il est des consciences peu éclairées qui se trompent elles-mêmes sur la valeur morale de leurs actes : telle pouvait être Mme Arnoul, séduisante par son esprit (3), au point de faire oublier son âge et son visage, et douée d'une volonté égale à son désir de plaire et de dominer. Parvenue là où elle voulait, elle se plut, dit-on, à remplir les devoirs que sa situation comportait et consacra une partie de son temps et de sa fortune aux bonnes œuvres, durant les dernières années de sa vie, qui se termina en 1701 (4).

Pierre Arnoul lui-même était pieux et fort dévoué à toutes les œuvres charitables, religieuses et moralisatrices. Fénelon, qui le fréquenta, goûta fort sa société. « Je ne saurais vous dire, écrivait-il le 28 décembre 1685 à la duchesse de Beauvillier, combien Monsieur l'Intendant me paraît un honnête et aimable homme. Pendant le petit séjour que nous avons fait à Rochefort,

---

(1) Tome VI, p. 229-231. Il n'est pas loin de lui attribuer l'initiative d'avoir envoyé à Versailles, en 1697, le fameux visionnaire du Salon, qui eut avec le Roi un entretien mystérieux.

(2) Volumes 21.416 à 21.420.

(3) On lui a attribué la rédaction des *mémoires* apocryphes de la duchesse de Mazarin.

(4) A Carpentras en septembre 1701. Pierre Arnoul se remaria en 1705, à Marie-Henriette Brodard, fille de Jean-Baptiste Brodard, intendant général des Galères, et de Marie Bailly.

nous l'avons toujours vu égal, doux et ferme, exact, laborieux, plein de piété, enfin si digne de gouverner que je voudrais qu'il fût évêque » (1).

L'éloge n'est pas mince ; il est un peu inattendu, à vrai dire. Sans doute faut-il l'atténuer en tenant compte de ce que l'excès de zèle (pour ne pas dire plus) qui entraînait Arnoul à des « opérations de police un peu rudes » (suivant une expression qui a fait fortune) contre les protestants, ne choquait pas Fénelon, si modéré qu'il fût ou qu'il se crût. Tout de même, c'est un éloge dont on doit tenir compte, si peu que ce soit : il prouve que l'Intendant n'apparaissait pas comme un brutal exécuteur des dragonnades, empressé de faire sa cour aux ministres qui lui donnaient des ordres et se plaisant à exagérer les rigueurs prescrites. Je ne cherche pas à trouver d'excuses pour certains faits qu'aucune considération ne rend excusables et que l'esprit du temps..., celui de tous les temps, hélas ! peut-être, doit seulement expliquer. Je crois qu'Arnoul, sauf meilleure information, exécutait, avec les procédés autoritaires en usage, des mesures dont l'objet lui semblait légitime, que sa dévotion colorait des apparences de devoirs pieux et que son tempérament ne le portait pas à adoucir. Fénelon voyait en lui un missionnaire..; acceptons ce jugement, en faisant des réserves sur le fanatisme d'un tel missionnaire, dont la conscience était effroyablement tranquille : ce n'était pas pour bénir que se levait le « bras séculier. »

Qu'il faille, ou non, reviser le procès d'Arnoul considéré comme persécuteur des protestants, qu'il faille, plus ou moins, atténuer, par l'examen de la psychologie du siècle et de la sienne, sa propre responsabilité morale dans l'œuvre d'intolérance qui s'accomplit, on doit constater les efforts qu'il fit pour développer les institutions religieuses et hospitalières dans la province qu'il administrait ; il semble avoir été inspiré, en cela, par un louable souci de charité et de moralisation, qui trouvait ample matière à Rochefort.

Venue de partout, sans qu'on eût examiné les précédents de chacun, la population de la ville, qui s'était accrue très rapidement par l'immigration (2), ne comprenait guère de bourgeois établis. C'était la première génération, et que des esprits cha-

---

(1) Abbé Verlaque, *Fénelon missionnaire*, Marseille, 1884, p. 6.
(2) 20.000 habitants en 1673, d'après Théodore de Blois.

grins auraient pu, en ce temps de culture classique, comparer aux fondateurs de Rome ; naturellement, l'établissement du port avait attiré surtout des gens aventureux qui s'étaient déracinés aisément de leur pays d'origine pour venir chercher à Rochefort le moyen de vivre : pour la plupart, des travailleurs n'ayant que leurs bras comme ressources, quelques ouvriers techniques, puis les artisans et les petits commerçants qui s'installent auprès des grandes usines, des fournisseurs de la marine et leurs commis, les officiers et les fonctionnaires des bureaux, et leurs domestiques. Ils étaient célibataires en grande majorité. Beaucoup d'éléments honnêtes, sans aucun doute, mais beaucoup de gens dont la moralité, tout au moins la moralité privée, était inquiétante, comme cela arrive dans tous les grands centres de population organisés de la sorte, ou plutôt non organisés.

Dès l'origine de la ville (1), les intendants s'étaient préoccupés de prendre des règlements de police, d'organiser l'instruction religieuse et morale, d'appeler des missionnaires (ce nom convenait à l'œuvre qu'on voulait accomplir), de créer des chapelles et aussi des écoles, enfin, de pourvoir à l'hospitalisation des malades, nombreux dans une telle agglomération et sous un climat alors malsain (2). Mais c'est Arnoul qui accomplit les actes dont les conséquences furent décisives et durables. Ses tendances et ses aptitudes le servirent et servirent l'intérêt public sur ce terrain.

Il commença par transporter à Rochefort l'hôpital royal qui était à Tonnay-Charente depuis 1666 (3) et qui fut confié aux Lazaristes (4). Des négociations furent ouvertes entre le dépar-

---

(1) L. Audiat, *loc. cit.*, p. 379 ; Théodore de Blois, p. 53, 60 ; Depping, *Correspondance administrative sous le règne de Louis XIV*, t. IV, p. 69-70.

(2) « Les rues qui n'étaient pas pavées étaient remplies d'une boue empoisonnée exhalant une odeur funeste » (Théodore de Blois, p 79). Les maisons étaient peu nombreuses, petites, basses ; il en résultait tous les inconvénients d'une agglomération excessive.

(3) Voir : Théodore de Blois, p. 57 et 58. Dans une lettre du 20 janvier 1683, le supérieur de l'hôpital de Charente se plaint à Seignelay de n'être pas payé du subside promis, bien qu'il ait 40 à 45 malades à entretenir et à soigner. Il déclare n'avoir plus ni bois ni blé ni vin (vol. 21.329, fol. 15).

(4) Une déclaration, enregistrée au Parlement le 27 janvier 1683,

tement de la Marine et le Supérieur général de la mission Edme Jolly, pour que la congrégation assumât, avec la direction de l'hôpital, celle d'un séminaire destiné à former des aumôniers pour le service religieux des vaisseaux et pour celui de l'hôpital. Le règlement signé par Seignelay et M. Jolly le 15 octobre 1683, fut confirmé par des lettres-patentes du Roi au mois de février 1684 (1). Aux termes de ces actes, la Congrégation, moyennant le paiement d'une subvention annuelle de 4.800 francs, dut fournir 8 prêtres et 4 frères pour desservir l'hôpital et pour élever des aumôniers, et s'engager à tenir la main à ce que chaque vaisseau quittant le port eût un aumônier. Le supérieur de la mission fut investi des fonctions curiales dans l'hôpital, soustrait à la sujétion du curé de la paroisse Notre-Dame. Un pavillon de l'hôpital fut affecté à l'habitation des prêtres, frères et aumôniers.

En 1684, les sœurs de Saint-Vincent de Paul furent, suivant l'usage, appelées à donner leurs soins aux malades de l'hôpital dirigé par les Lazaristes. Un contrat fut passé à cet effet, le 18 juillet, avec la mission (2).

D'autre part, Arnoul avait provoqué, en mars 1684, une ordonnance contre les femmes de mauvaise vie. Les ordonnances interdisant les combats singuliers, sous la menace de peines sévères, furent rappelées au souvenir des officiers qui auraient pu être tentés de croire que le duel serait parfois toléré.

Le service religieux de la paroisse (3) et celui de l'église du Vergeroux étaient insuffisamment assurés par le curé et par deux vicaires mal rétribués. Ce curé, M. Michelon, se plaignait, en mai 1685, des charges trop lourdes de sa fonction, ne pouvant guère trouver d'assistance auprès des Capucins, venus à Roche-

---

réunit aux hôpitaux les biens légués aux consistoires protestants pour les pauvres. Arnoul en reçut un exemplaire imprimé, annexé à une lettre de M. de Châteauneuf, secrétaire d'Etat, en date du 27 février. Je n'ai rencontré de documents concernant l'exécution de cette sentence que pour ce qui concerne La Rochelle et l'île de Ré : ce sont une lettre des administrateurs de l'hôpital de La Rochelle, 25 mars ; des lettres d'Arnoul, du 2 et du 10 mai ; une lettre de Châteauneuf, du 30 mai, etc. (Volume 21.329, fol. 97, 134, 138, 142, etc.).

(1) **Textes** publiés par L. Audiat (p. 405-413). — Cf. Théodore de Blois, p. 71 et 249.

(2) Théodore de Blois, p. 251.

(3) **Voir :** Théodore de Blois, p. 53, 61, 70.

fort en 1669 et installés depuis 1673 dans un couvent occupant à peu près l'emplacement du Lycée actuel, parce que ces religieux devaient presque se borner à confesser et à prêcher (1), ni auprès des Lazaristes absorbés par leur œuvre spéciale. Les habitants, de leur côté, trouvaient fort incommode que l'église paroissiale, le presbytère et le cimetière fussent hors des murs. Après une enquête faite par l'évêque de La Rochelle, une paroisse nouvelle, comprenant le bourg fermé, fut, du consentement du curé (M. Guimbaud), érigée à Rochefort, sous le nom de Saint-Louis et unie à la mission des Lazaristes en vertu d'un contrat passé par Seignelay, le 10 mars 1687, avec le Supérieur général qui promit d'entretenir à Rochefort, pour le service de la nouvelle paroisse, 6 prêtres, 2 clercs et 2 frères, moyennant 3.000 fr. versés annuellement par le Trésorier général de la Marine (2). L'évêque devait nommer le curé « de la paroisse de Saint-Louis » sur la présentation du Supérieur général de la mission. Ainsi réunies, les fonctions de curé et celles de supérieur de la congrégation de la mission de Rochefort-sur-Charente et de « directeur pour le spirituel de l'hôpital et du séminaire des aumôniers des vaisseaux du Roi », furent exercées par Jean Lehall (né en 1630, dans le diocèse de Léon) (3). Le roi donna aux Lazaristes, pour servir provisoirement d'église paroissiale, l'ancien temple réformé.

L'organisation religieuse et hospitalière de Rochefort était ainsi complétée avant qu'Arnoul quittât ses fonctions pour continuer ailleurs sa carrière administrative (4).

---

(1) La première pierre de leur église avait été posée en 1672 par Colbert de Terron ; elle fut achevée par les soins de l'intendant Lucas de Demuyn et consacrée le 31 août 1683 par M. de Laval-Boisdauphin, évêque de La Rochelle (Théodore de Blois, p. 70).

(2) L. Audiat, p. 413-423. Il a publié le texte du contrat du 10 mars 1687, pris sur l'original qui est aux Archives nationales, une copie exacte est aux Archives de la marine (B³ 104, fol. 103).

(3) Voici la liste des supérieurs : Toussaint Lebas (1683), Henri Moreau (1684), Jean Lehall (1687), Yves Gat (1690), Jean Doué (1693), René Piron (1693), Claude Travailler (1695), Noël Parmentier (1698), André Lesquier (1699), Jacques de Lislefort (1700), Guillaume Chotier (1704), de Cés (1711), Guillaume Chotier (1716), puis le célèbre Charles Jouvenon (1720-1741), fondateur de l'hôpital Saint-Charles.

(4) Par une série de mesures prises de 1687 à 1699, le prieuré de Saint-Eloi dépendant de l'abbaye de Tonnay-Charente, et le prieuré de

Les pièces qu'on trouvera ci-dessous montrent comment l'hôpital et la paroisse Saint-Louis fonctionnèrent après son départ jusqu'à la fin du règne de Louis XIV, sous l'administration des intendants Begon et Beauharnais. A Begon, on doit la création d'un hôpital pour les femmes et pour les orphelines, des projets d'agrandissement de l'église plusieurs fois abandonnés et repris, des dispositions contre le paupérisme (1), et les mesures d'hygiène publique qui s'imposaient : le pavage des rues (qui dura dix ans, de 1689 à 1699), l'élévation des demeures où s'entassaient les habitants, la construction de nouvelles maisons et de vastes édifices publics.

Les détails contenus dans quelques-uns des documents que je présente au public peuvent paraître d'un intérêt un peu mince. Et pourtant, à mesure que je les lisais, et malgré les lacunes du dossier, je croyais voir revivre une période de l'histoire d'une petite ville. Ils laissent deviner, tout au moins, les occupations charitables, les inquiétudes personnelles et les prétentions, aussi, qui remplissaient la vie des religieux chargés du service de l'hôpital et du séminaire, et leurs relations avec les autorités administratives, relations parfois difficiles en dépit du ton d'officielle courtoisie. Si je ne m'abuse, un intérêt particulier s'attache aux informations très précises que deux lettres du curé de Rochefort donnent sur la misère qui sévit en cette ville comme dans toute la France (2) à la fin du règne de Louis XIV et qui a laissé aux années 1709 et 1710 une si triste célébrité.

L. DELAVAUD.

Saint-Vivien de Saintes furent unis à la mission de Rochefort, dont les ressources se trouvaient ainsi augmentées, bien que, par compensation, le Roi eût réduit la subvention qu'il lui accordait en vertu des contrats de 1684 et de 1687 (Théodore de Blois, p. 74 ; Audiat, *loc. cit.*; D'Avone, *Le séminaire de Saintes, Revue de Saintonge*, 1897, t. XVII, p. 207).

(1) Une commission fut été instituée en 1693 pour prendre soin des pauvres ; composée de huit prêtres et de huit laïcs, elle distribuait des secours à 3 ou 400 pauvres (Depping, *Correspondance administrative*, t. Ier, p. 906).

(2) Voir A. de Boislisle, *Le grand Hiver et la disette de 1709* (Extrait de la *Revue des questions historiques*, 1903).

DOCUMENTS

I

Arnoul à Seignelay. — *Bibliothèque nationale, manuscrits français, nouvelles acquisitions françaises, volume 21329, minute.*

Rochefort, le 30 janvier 1683.

Les Pères de la Mission qui doivent s'établir ici par ordre du Roi sont arrivés depuis hier (1). Je les ai menés dans la maison qui leur est destinée et leur ai promis qu'elle serait en état de les loger dans deux à trois jours. Ils m'ont paru qu'ils étaient encore irrésolus sur ce qu'ils avaient à faire et ils ne m'ont point dit d'autres raisons sinon qu'ils ne voyaient pas le............ Le supérieur m'a seulement témoigné qu'il enverrait ses religieux à Saintes en attendant que les choses se fussent entièrement disposées tant pour l'hôpital que pour l'instruction des aumôniers et qu'il pourrait rester ici pour ouvrir l'œil à ce que ce qui reste encore à faire à leur maison et ce qu'il faut leur acheter de meubles soient disposés d'une manière qui leur convienne.

---

(1) On voit que l'arrivée des Lazaristes à Rochefort eut lieu dès le mois de janvier 1683, bien que le traité négocié avec eux par le déparment de la marine n'ait été signé qu'en octobre. Une note qui suit (pièce X) fixe au mois de juin le transfert de l'hôpital de Charente à Rochefort.

II

Seignelay à Arnoul. — *Ibid., original.*

Versailles, le 4 février 1683.

...Tenez la main à ce que ceux qui ont soin de cet hôpital s'établissent incessamment dans le pavillon qui a été bâti à Rochefort...

III

Le roi à Arnoul. — *Ibid., original.*

Compiègne, le 9 mars 1683.

...Sa Majesté a vu tout ce qu'il (Arnoul) écrit concernant l'établissement des Pères de la Mission à Rochefort ; et pour finir les difficultés continuelles qu'ils font, Elle veut qu'aussitôt qu'il aura reçu cette lettre, il leur déclare que son intention est qu'ils s'établissent dans la maison qui leur est destinée, qu'ils prennent soin du spirituel de l'hôpital et de l'instruction des aumôniers, et que pour cet effet il fasse meubler incessamment la maison et la salle de l'hôpital qui sont prêtes, afin d'y installer les malades à mesure qu'il en viendra.

Il doit travailler de concert avec les dits missionnaires à trouver quatre ou cinq ecclésiatiques qui soient gens de piété pour les établir dans la même maison, l'intention de Sa Majesté étant qu'il soit payé cent écus pour la subsistance, tant de chacun des missionnaires que des dits ecclésiastiques, et à l'égard des frais de leur voyage, Sa Majesté a bien voulu leur rendre la somme de mil livres dont il doit leur donner avis, et leur faire remettre le même jour qu'ils entreront en possession de la maison qui leur est destinée.

Sa Majesté estimant que les Pères de la Charité et les missionnaires ne s'accorderont jamais ensemble, Elle a changé la résolution qu'elle avoit prise d'établir ces premiers à Rochefort ; ainsi Elle veut qu'il leur déclare que Sa Majesté n'a pas besoin d'eux, et qu'en même temps il dise aux Pères de la Mission qu'ils seront chargés seuls de la direction de l'hôpital, et qu'Elle veut bien consentir qu'ils ne se chargent pas du soin de la paroisse.

A l'égard du temporel, il faudra choisir des administrateurs qui en ayent soin sous ses ordres et sous ceux d'un commissaire qui sera chargé de ce détail, et il peut dès à présent examiner s'il y auroit quelque commodité plus grande à donner dans le pavillon destiné pour les dits missionnaires afin d'en rendre compte.

Sa Majesté ne veut plus faire payer aux dits Pères de la Charité la pension de cinq mil livres puisqu'il n'y a plus de malades à Tonnay-Charente.

Il peut travailler à faire faire les changemens qu'il estime nécessaires aux salles du dit hôpital, afin de les mettre en état de recevoir les malades, et à l'égard de ce qu'il propose de faire aux planchers, il faut les laisser comme ils sont, Sa Majesté ne croyant pas nécessaire de les changer, ainsi qu'il l'écrit, et il est trop persuadé de la bonté de ses desseins, et trop souvent tenté de changer ce qui a été fait avant lui ; ainsi il faut s'en servir le plus avantageusement qu'on pourra.......

IV

Arnoul à Colbert. — *Ibid., original.*

A Rochefort, le 4 avril 1683.

....

Je vais travailler à une des salles de l'hôpital de Rochefort pour la mettre au plus tôt en état de recevoir les malades conformément à l'ordre que vous m'en avez donné ; cette salle est à moitié carrelée présentement ; dans la semaine suivante elle sera entièrement prête, et quand l'air aura pu sécher les enduits, on y pourra mettre les malades;

cependant on n'en reçoit plus à Charente depuis le 5° de ce mois.

J'ai fait, Monseigneur, un état, avec les Pères de la Mission, des officiers qui seroient nécessaires pour cet hôpital suivant l'ordre que vous m'avez donné, et je me donne l'honneur de vous l'envoyer ; mais je trouve par la supputation de ce qu'il faudroit, tant pour leurs gages que pour leur nourriture, qu'il en coûteroit plus que si le Roi se servoit des frères de la Charité, vu qu'on ne peut pas compter moins de 400 livres pour la nourriture de chacun de ces officiers l'un portant l'autre, et que dix Pères de la Charité feroient les mêmes fonctions pour 100 écus pièce et s'en acquiteroient mieux selon toutes les apparences que des gens qui ne s'y engageront que pour gagner leur vie ; c'est ce que les Pères de la Mission eux-mêmes ont remarqué, et j'ai cru qu'il étoit à propos de vous en écrire afin que vous fissiez sur cela les réflexions que vous jugerez à propos. Je sais qu'il y a lieu d'appréhender que ces Pères de la Charité ne s'accordent pas bien avec ceux de la Mission, si ceux-ci doivent avoir soin du spirituel ; mais il m'a paru que les Pères de la Mission abandonneroient volontiers l'hôpital à ces Pères pour se retrancher au soin des aumôniers, au sujet desquels ils m'ont donné le mémoire ci-joint et ne voudroient aller à l'hôpital que lorsqu'ils y seroient appelés par les Pères de la Charité en cas qu'il y survint tout d'un coup un plus grand nombre de malades. Je ne leur ai point témoigné que je fusse de ce sentiment parce que j'ai eu peur que ces nouvelles propositions ne vous fissent de la peine et qu'eux-mêmes m'avoient paru satisfaits de la manière que vous aviez réglé les choses, de sorte que je continuerai toujours à chercher des officiers propres pour l'hôpital et je leur ai dit d'en faire autant de leur côté.

V

Le roi à Arnoul. — *Ibid., original.*

Versailles, le 5 avril 1683.

Sa Majesté lui recommande de travailler incessamment à ce qui regarde l'administration de l'hôpital de Rochefort en la manière qui lui a été expliquée par la lettre du 9e du mois passé, et Elle veut qu'il congédie les Pères de la Charité, auxquels il ne faudra plus payer les pensions qui leur avoient esté accordées pour avoir soin des malades.

Il doit s'informer quel titre a le nommé Bonnelot pour exercer la charge de chirurgien visiteur à Tonnay-Charente ; et s'il a des provisions du premier médecin, il doit luy en demander une copie pour l'envoyer.

VI

Arnoul à Colbert. — *Ibid., minute.*

Rochefort, le 11 avril 1683.

La salle de l'hôpital que vous m'avez ordonné de faire mettre en état sera prête cette semaine et nous avons trouvé une partie des officiers qui sont nécessaires pour le soin de la maison des malades que l'on pourra y recevoir après les fêtes de Pâques...

VII

Colbert à Arnoul. — *Ibid., original.*

Versailles, le 14 mai 1683.

....

Elle a esté fort surprise de la difficulté que font les Pères de la Mission qui sont en ce port de confesser. Il doit leur faire entendre que Sa Majesté ne les y a établis que comme une espèce de mission continuelle, et qu'ainsi ils sont dans le cas auquel, par leur institution, ils doivent confesser ;

d'ailleurs, y ayant aussi peu de prêtres à Rochefort, il est nécessaire de pourvoir au besoin que l'on a de gens qui administrent les sacremens.

Sa Majesté veut aussy qu'il convienne avec eux du temps et de la manière dont ils désirent être payés, de ce qu'elle leur a accordé, et, en cas qu'ils demandent à présent du fonds, il doit leur faire payer la moitié de leur pension à raison de trois cens livres pour chacun, et Elle fera donner les ordres nécessaires sur cela au trésorier de la marine.

Il doit faire savoir si les dits missionnaires sont entrés en quelque connoissance de la capacité des aumôniers qui ont esté distribuez sur les vaisseaux qu'il a eu ordre d'armer et s'ils se mettent en état de remplir le nombre d'ecclésiastiques que Sa Majesté veut qui soient sous leur conduite.

....

VIII

Arnoul à Colbert. — *Ibid.*, *minute*.

La Rochelle, le 30 mai 1683.

....

J'ai dit au supérieur des Pères de la Mission ce que Sa Majesté m'a ordonné de leur faire entendre sur ce qu'ils refusent de confesser et je leur ai pareillement demandé dans quel temps et de quelle manière ils veulent être payés de ce que Sa Majesté leur a accordé.

Sur le premier article, il m'a répondu que selon leur institut ils ne confessoient point dans les lieux où ils étoient establis, à moins qu'ils n'y eussent la paroisse ; et comme il est préjudiciable à leur congrégation de se charger de nouvelles paroisses, il a plu au Roy de ne les en point charger à Rochefort, mais seulement de former des aumôniers et administrer les sacrements dans l'hôpital de la marine ; que véritablement les aumôniers qui résideront avec eux pourront confesser et secourir la paroisse quand ils seront en terre.

Sur le second article, qui regarde le temps et la manière dont ils souhaittent être payés, il m'a dit que cela se pourra régler avec Mʳ Joly, leur supérieur général, quand on écrira les conventions de l'établissement.

Quant à ce que Sa Majesté m'ordonne de lui faire savoir s'ils sont entrés en quelque connoissance des aumôniers des vaisseaux qui ont eu ordre d'armer et s'ils se mettent en état de remplir le nombre d'ecclésiastiques que Sa Majesté veut qui soient sous leur conduite, j'aurai l'honneur de vous dire qu'ils ont vu et examiné ceux qui ont été choisis pour servir sur ces vaisseaux ; et ils en ont renvoyé un qui ne leur a pas paru capable d'être receu ; mais comme ils ne sont pas encore bien établis, ils prétendent qu'ils ne sont pas bien en état de les pouvoir choisir eux-mêmes, outre que chaque capitaine s'est mis en devoir de s'en pourvoir et que j'ai, de ma part, demandé deux Récollets pour servir sur deux des quatre vaisseaux. Je vois de plus qu'il souhaiteroit qu'il vous plût de régler la pension des ecclésiastiques à 30 livres le mois pendant toute l'année ou à terre ou à la mer et qu'ils eussent leur nourriture dans la communauté lorsqu'ils seroient à terre, ou bien 500 livres par an avec quoi ils payeroient leur pension ; il dit qu'autrement, il aura de la peine à trouver des ecclésiastiques qui veulent s'engager, outre qu'il faudra les aller chercher au loin pour trouver des personnes capables, vu que les diocèses voisins sont en disette de prêtres.

. . . .

IX

10 juin 1683. — Règlement que le roi veut être observé à l'avenir dans le port de Rochefort pour la fourniture à faire des médicaments tant pour l'hôpital dudit port, que pour les équipages des vaisseaux que Sa Majesté y fera armer. — *Ibid., original.*

Premièrement.

Sa Majesté ayant fait choix du nommé Morisseau (1) pour servir en qualité de « maître appoticaire » dans l'hospital de Rochefort, Elle veut qu'il y establisse une boutique a l'instar de celle de l'hôpital des Invalides, dans laquelle il sera tenu de composer tous les remèdes nécessaires tant pour la fourniture de l'hôpital dudit port, que pour celle à faire aux équipages des vaisseaux en présence des médecin et chirurgien major, et des chirurgiens entretenus si bon leur semble.

2

Tous les simples propres pour faire des compositions seront achetés de la première main par les ordres de l'Intendant de la marine qui résidera audit port suivant l'état qui en sera dressé tous les ans par le dit appoticaire, lequel sera tenu de le présenter au dit Intendant toutes fois et quantes qu'il lui demandera.

3

Lorsque Sa Majesté y fera armer des vaisseaux, le dit Morisseau prendra soin de garnir les coffres des remèdes et onguents nécessaires à proportion du temps qu'ils devront tenir la mer.

---

(1) Louis Morisseau, « maître *apotiquaire*, servant la marine à Rochefort », figure, comme parrain, le 8 août 1675, dans l'acte de baptême de sa nièce Marie-Anne, fille de Mathieu Heurmatin, sieur de Merville, notaire royal et de la marine, et de Catherine Laurent ; la marraine était Marie-Anne Laure, tante de l'enfant. — *Archives municipales de Rochefort.*

4

Aussi tost que les dits coffres seront mis en estat d'estre embarquez, Sa Majesté veut que le chirurgien de chacun vaisseau vériffie l'inventaire qui en sera dressé par ledit Morisseau, et qu'ensuite il soit certifié et signé par ledit chirurgien, après quoi la clef luy en sera remise. Voulant en outre Sa Majesté que l'aumônier ou l'écrivain destiné pour servir soit chargé de celle d'un cadenas qui y sera mis pour cet effet et qui y demeurera jusques à ce que le vaisseau ayt mis à la voile.

5

Sa Majesté veut que chacun des dits chirurgiens tienne un journal des médicaments qu'il employera, et la nature des maladies dont il fera les cures, lequel journal sera visé et arresté toutes les semaines par l'aumônier, et l'escrivain de chacun vaisseau asquels le dit chirurgien donnera pleine connoissance de l'emploi des médicaments.

6

Lorsque les vaisseaux de Sa Majesté seront de retour dans le port, le coffre des médicaments sera remis au dit hôpital par les soins de l'aumônier et de l'écrivain de chacun vaisseau, et ledit chirurgien remettra son journal et la clé dudit coffre dont il sera fait inventaire en présence des contrôleur, médecin, chirurgien major et du maître « appoticaire », tant des remèdes que des instrumens et ustanciles.

7

Sa Majesté veut que les médicaments qui resteront au retour des vaisseaux soient rafraîchis, et employés pour les blessés et malades du dit hôpital.

Le dit *appoticaire* entretiendra continuellement avec lui

et à ses dépens deux garçons avec lesquels il résidera et travaillera actuellement dans ledit hôpital, tant pour la composition des dits remèdes que pour le service des dits malades, moyennant quoy Sa Majesté veut qu'il lui soit payé pour ses gages par an, la somme de mil livres qui seront employés pour cet effet sur les états de la marine qu'elle fera expédier à la fin de chacune année.

Mande Sa Majesté à M. le comte de Vermandois, amiral de France, au sieur Arnoul, intendant au dit port, et à tous autres officiers de marine de tenir la main à l'exécution du présent règlement. Fait à Bellegarde, le 10 juin 1683.

Signé : Louis.

Et plus bas : Colbert.

X

1683. — De l'établissement, gouvernement et service de l'hôpital royal à Rochefort. — *Ibid., copie.*

Au commencement du mois de juin de cette année 1683, l'hôpital royal, qui avoit été jusqu'à ce temps à Charente conduit et servi, tant pour le spirituel que pour le temporel, par les Frères de la Charité, a été transféré à Rochefort où il est gouverné sous l'autorité de M. Arnoul, intendant, par M. de Beaumont, commissaire (1), qui le visite quand il faut, et par le sieur de Juge, ancien écrivain du Roi, lequel y réside pour faire aller toutes choses dans l'ordre. M. l'intendant fait tenir un bureau ordinaire toutes les semaines et extraordinaire quand il le faut, qui est composé des commissaire, écrivain, médecin et chirurgien royal et de M. l'aumônier pour concerter et aviser aux besoins du dit hôpital, de quoi on fait ensuite rapport à M. l'intendant, lequel ordonne ce qu'il faut. Ce gouvernement est

---

(1) **Commissaire ordinaire.**

plus pur et plus paisible que celui de la multitude des administrateurs.

Le service du dit hôpital est fait par des officiers et servants à gages, savoir est : un économe qui a soin de faire les provisions, les conserver et les distribuer aux autres officiers, un infirmier qui a soin de donner les aliments aux malades et de leur procurer tout le service corporel dont ils ont besoin, un cuisinier, un portier, la femme du cuisinier qui est en un quartier à part et a soin du linge et des meubles, et deux servants. Ceux-ci se devront multiplier quand le nombre des malades se multipliera notablement, parce qu'il y en a un qui est tout occupé à la cuisine, pour laver, porter l'eau, le bois etc.; l'autre sert les malades pour 15 desquels il faudra un servant. Il y a de plus un chirurgien vivant et couchant dans l'hôpital et un apoticaire. Il faudra encore avoir un jardinier quand on aura fermé et formé l'enclos qui doit servir de jardin.

Règlement qu'on garde présentement dans l'hôpital.

Tous les officiers et servants se lèveront à 4 heures au son de la cloche; à 4 h. 1/2 chacun se trouvera à son devoir, l'infirmier donnera les bouillons, le servant videra les pots et ensuite parfumera. A 5 heures, on fera la prière, en commun dans un lieu [à ce] destiné, suivant la formule dressée par M. l'aumônier. Après quoi le dit aumônier donnera le Saint-Sacrement aux malades, lequel sera accompagné par les officiers portant [des] flambeaux. Ensuite, à 6 heures ou environ, se dira la messe dans la salle des malades. A 7 heures ou plutost on donnera le déjeuner aux malades, savoir est un peu de pain avec demi-setier de vin. A 10 heures, on donnera à dîner aux malades. A 11 heures, le dîner des officiers dans leur réfectoire, où il y aura lecture de quelque bon livre durant une partie du repas. Un servant les servira ; l'autre sera de garde aux malades.

A 1 heure, les servans videront les pots des malades, et ensuite parfumeront.

A 5 heures, le souper des malades. A 6 heures, le souper des officiers ; tout s'y passera comme au dîner.

A 7 heures 1/2 ou environ, la prière des officiers et servants, après laquelle chacun achèvera ce qui lui reste de son devoir et ensuite se pourra coucher, excepté celui ou ceux qui seront de garde pour veiller les malades.

On a déjà donné de vive voix un règlement général tant pour le bon ordre de l'hôpital que pour les comportements des personnes qui le servent, comme aussi on a donné de la même façon les avis particuliers à chacun pour son office, ce qu'on rédigera par écrit quand on aura vu l'effet, pour discerner ce qui est pratiquable de ce qui ne l'est pas.

Pour les aliments des malades, on a mis une livre de chair le jour pour chaque malade et une poule sur 6 à cause de ceux qui sont au bouillon, qu'on leur donnera de 4 en 4 heures ; on donnera trois demi-setiers de vin le jour à ceux qui mangent. Il est difficile de régler justement le pain ; on en donne moins à l'un, plus à l'autre selon les avis de MM. de la médecine.

Les officiers ont chacun cinq quarts de chair par jour et trois chopines de vin, mesure de Paris, et les servants pareillement (1).

---

(1) C'est ici que doivent prendre place chronologiquement le contrat passé le 15 octobre 1689 par Seignelay avec le supérieur de la mission (*Archives*, t. XIII, p. 405), et les lettres-patentes des rois confirmant ce contrat (*ibid.*, p. 412).

XI

1684, 4 mars. — Ordonnance pour chasser de Rochefort toutes les femmes ou filles débauchées et impudiques qui s'y trouveront. — *Original à la Bibliothèque nationale, nouv. acquisition française, vol. 21.330, fol. 48. — Copie aux Archives de la marine, B² 50, fol. 131.*

A Versailles, le 4 mars 1684.

De par le Roi,

Sa Majesté étant informée des désordres que causent les femmes impudiques qui sont à Rochefort, et considérant combien son service en peut recevoir de préjudice, Sa Majesté a ordonné et ordonne au s^r Arnoul, intendant de la marine à Rochefort, de chasser de la dite ville toutes les femmes, ou filles débauchées et impudiques qui s'y trouveront, leur fait très expresses défenses Sa Majesté d'y revenir à peine du fouet et de la fleur de lys et de plus grandes s'il y échet. Enjoint Sa Majesté au dit s^r Arnoul, et à tous autres officiers de marine qu'il appartiendra de tenir la main à l'exécution de la présente ordonnance, qu'elle veut être lue, publiée et affichée partout où besoin sera à ce qu'aucun n'en ignore. Fait, etc.

Louis.

Et plus bas : Phelypeaux (1).

XII

1684, 20 mars. — Ordonnance sur les chirurgiens. — *Bibliothèque nationale, nouvelle acquisition française, manuscrit 21.330, original.*

A Versailles, le 20 mars 1684.

De par le Roi

Sa Majesté étant informée que quelques officiers de marine s'étant battus en duel se sont fait panser secrètement des blessures qu'ils avoient reçues, et voulant leur ôter

---

(1) Balthazar Phelypeaux, marquis de Châteauneuf, secrétaire d'État.

les moyens de cacher de cette sorte un crime dont la punition est si nécessaire, Sa Majesté a ordonné et ordonne aux chirurgiens majors et autres chirurgiens entretenus dans ses ports et arsenaux de marine, même à tous chirurgiens établis dans les villes maritimes d'avertir le commandant et l'intendant de la marine en chacun port de la qualité des blessures que les officiers de marine, gardes, soldats et autres auront receues soit d'épées ou d'armes à feu aussitôt qu'ils auront mis le premier appareil, Leur fait deffenses de cacher, sous quelque prétexte que ce puisse être, la connoissance des dites blessures à peine de cassation, et d'être procédé extraordinairement contre eux. Mande et ordonne Sa Majesté à M. le comte de Toulouse, amiral de France, aux vice-amiraux lieutenants généraux, intendants, chefs d'escadres, commissaires généraux, capitaines de marine, et autres officiers qu'il appartiendra de tenir la main à l'exécution de la présente ordonnance qu'elle veut être lue publiée et affichée à ce qu'aucun n'ignore. Fait à Versailles, le 20 mars 1684.

Signé : Louis.
Et plus bas : Colbert.

XIII

M. Jolly, supérieur général de la Mission, à M. de Seignelay, secrétaire d'Etat de la marine. — *Archives de la marine, B³ 47, fol. 123, original.*

De Paris, ce 27 mars 1684.

Monseigneur,

Nous avons, suivant l'ordre que vous m'avez fait donner, dressé un projet de traité (1) pour l'établissement des filles de la Charité que vous désirez pour le service de l'hôpital de Rochefort ; ce projet est tiré du contrat fait pour l'établissement des mêmes filles aux Invalides, excepté quant

---

(1) Cette pièce manque.

aux voyages, desquels il a fallu faire mention dans le traité pour Rochefort, bien qu'il n'en soit rien dit dans l'autre, à cause que cette maison est à Paris. Je joins une copie du dit contrat des Invalides au projet que je me donne l'honneur de vous envoyer.

JOLLY.

XIV

Seignelay à Dumont de Blaignac (1). — *Bibliothèque nationale, nouvelles acquisitions françaises, mss. 21.330, original.*

A Versailles, le 14 avril 1684.

....

A l'égard du mémoire qu'il a envoyé pour la discipline des aumôniers de marine, le s^r Joly, supérieur de Saint-Lazare, doit en faire un projet de règlement qu'il remettra entre les mains de Sa Majesté, après quoi elle lui fera savoir ses instructions.

Sa Majesté fera faire les calices et les patennes qu'il demande.

....

XV

Jolly à Seignelay. — *Archives de la marine, B³ 47, fol. 125, original.*

De Paris, ce 17 avril 1684.

Monseigneur,

Voici la copie (2) que vous avez désiré voir du règlement que nous avons envoyé à Rochefort pour le séminaire des aumôniers des vaisseaux. Si vous avez agréable de vous le faire lire vous n'y remarquerez rien de rigoureux, qui ne doive être pratiqué avec plaisir par tous les ecclésiastiques

---

(1) Commissaire général de la marine.
(2) Cette pièce manque, mais j'ai trouvé, sur un autre volume des *Archives*, le résumé qui suit.

qui désirent s'acquitter de leur devoir; votre intention, Monseigneur, en procurant l'établissement de ce séminaire a été que les aumôniers y fussent élevés en sorte qu'ils fussent à édification dans les vaisseaux, et qu'ils procurassent que Dieu y fût servi. Tout ce qui est dans le dit règlement est nécessaire à cela ; car il tend à les rendre hommes spirituels et capables de leurs fonctions, sans quoi ils ne peuvent bien servir Dieu ni le Roy dans cet emploi.

Je supplie Sa Divine Majesté qu'elle les fasse entrer comme ils doivent dans vos saintes intentions. Je suis avec un très profond respect, etc.

JOLLY.

Annexe.

A. — Abrégé du règlement des séminaires sur la discipline intérieure.
— *Archives de la marine, B³ 44, fol. 34.*

Article 1er. — Ce règlement a été fait pour obvier aux déréglements des aumôniers.

2. — On y explique l'Ecriture sainte, on y fait des conférences sur la théologie morale, sur la manière d'administrer les sacrements, sur la méthode de prêcher et catéchiser ; on y enseigne les cérémonies et le plain-chant.

3. — Quelles sont les dispositions nécessaires à ceux qui veulent être admis dans le dit séminaire ?

4. — Ils doivent commencer par une retraite.

5. — L'oraison mentale sera en usage pour se soutenir dans la pratique de la vertu.

6. — Ils s'étudieront à célébrer la messe avec dévotion et les préparations convenables à une si grande action.

7. — Ils se confesseront au moins une fois la semaine aux confesseurs nommés par le supérieur.

8. — Ils seront exacts à assister à l'office divin qu'on récitera en commun selon le bréviaire romain.

9. — Ils assisteront soigneusement aux conférences et ne pourront s'en absenter sans permission.

10. — Ils se conformeront à l'usage du séminaire pour le boire et pour le manger.

11. — Ils ne feront rien paraître dans l'extérieur qui ressente l'esprit du monde ; ils ne porteront point de perruques ni de justaucorps.

12. — Ils se conformeront pour la tonsure à ce que les Concils en ont ordonné, et ne se feront point raser les jours de fêtes ni les dimanches.

13. — Ils ne sortiront point de leurs chambres sans être entièrement habillés.

14. — Ils auront un soin extrême de conserver la pureté et d'éviter la conversation des femmes.

15. — Et afin qu'au même temps que le corps prend sa réfection, l'âme reçoive aussi la sienne, ils profiteront de la lecture qu'on fait pendant les repas.

16. — Celui qui sera choisi pour la lecture s'étudiera à la faire distinctement.

17. — Chacun fera son lit et balaiera sa chambre.

18. — On s'abstiendra de parler sans nécessité, de mener aucun externe dans sa chambre sans permission, et d'aller dans celle des autres.

19. — Lorsqu'ils seront obligés d'aller dans la chambre de quelqu'un, ils n'entreront point sans avoir frappé.

20. — Cet article est une exhortation à la charité et à éviter les cabales.

21. — Qu'ils pourront joindre la modestie à la gaieté dans leurs discours sans y mêler aucunes railleries outrées.

22. — Ils ne sortiront point sans permission.

23. — Ils s'abstiendront de boire, manger, et coucher hors de leur maison sans permission, et de fréquenter aucuns cabarets et jeux publics.

24. — Ils obéiront au son de la cloche suivant l'emploi de la journée.

B. — Ordre de l'emploi de la journée pour les jours ordinaires.

1. — On doit se lever à 5 heures et faire les actes de chrétien.

2. — Depuis 5 heures 1/2 jusqu'à 6, on fait la méditation en commun, on fait plusieurs prières et on répète trois fois l'oraison pour le Roi ; on se retire ensuite dans sa chambre.

3. — On revient à la messe et on peut déjeuner ensuite.

4. — Depuis 9 heures 3/4 jusqu'à 10 heures 3/4, on assiste aux conférences de théologie.

5. — A 11 heures, l'examen particulier, et le dîner ensuite, et la conversation dans le lieu destiné.

6. — A 1 heure, on lit un chapitre du Nouveau Testament et on étudie les cérémonies de l'Eglise.

7. — A 2 heures, vêpres.

8. — Depuis 4 heures jusqu'à 5, la conférence sur la Sainte Ecriture.

9. — A 5 heures 1/2, matines.

10. — A 6 heures 1/2, l'examen, le souper.

11. — A 8 heures 1/4, l'examen général et on se retire.

Pour les dimanches et fêtes : à 6 heures, la conférence spirituelle. Tous se retrouvent à 9 heures à la paroisse pour assister à la grand'messe, et à 2 heures pour assister à vêpres.

Pour les jours de jeûne, les exercices retardent d'une demi-heure.

Pendant l'Avent et le Carême, il n'y a pas de conférences, afin de pouvoir assister à la prédication.

XVI

Arnoul à Seignelay. — *Bibliothèque nationale, nouvelles acquisitions françaises, mss. 21.330, minute.*

Rochefort, le 10 décembre 1684.

. . . .

La contestation qui estoit entre le chirurgien major et l'apothicaire consistoit a sçavoir qui ordonneroit des remèdes à l'hôpital lorsque le médecin, par hasard, seroit absent ou malade ; l'apothicaire prétendoit que dans tous les hôpitaux ce sont eux qui ordonnent au préjudice des chirurgiens, mais j'ai cru devoir en décider autrement parce que le chirurgien major de ce port est meilleur apothicaire que chirurgien, qu'il a un brevet et que l'autre n'en a pas, et que de plus les chirurgiens sur les vaisseaux ordonnent des remèdes.

Ce n'est point avec les chirurgiens du port que le sieur Fondalon (1) a eu une autre contestation, mais bien avec ceux du bourg en qualité de lieutenant du chirurgien du Roi, sur ce qu'ils prétendent qu'il contrevient à leurs statuts et règlements, qu'il n'a jamais prêté serment, qu'il n'a jamais été receu maître chirurgien en ce lieu ny ailleurs, qu'il n'a pas fait mesme d'aprentissage de la profession qu'il fait et qu'il n'avoit jamais exercé que la pharmacie avant que d'être chirurgien major de ce port, c'est sur quoy je n'ay rien réglé ayant seulement imposé silence aux maîtres chirurgiens vu qu'il a des lettres de M. Félix (2).

....

(1) François Bouchillon, sieur de Fondalon, chirurgien-major au port de Rochefort en 1679, mort en 1730. Il eut comme aide-majors, M. Marsillac, puis M. Conseil qui lui succéda en 1730.

(2) Charles-François-Félix Passy, dit Félix, premier chirurgien du roi en survivance de son père (1662), puis en titre (1678), premier valet de la garde-robe (1690-1697), contrôleur général de la maison du roi (1690-1698), anobli en 1690, mort, le 25 mai 1703, en sa terre des Moulineaux,

XVII

Seignelay à Arnoul. — *Ibid., original.*

Versailles, le 21 décembre 1684.

....

Il a bien fait de laisser au chirurgien major la distribution des remèdes lorsque le médecin du port sera absent ou malade.

....

XVIII

Arnoul à Seignelay. — *Ibid., mss. 27.331, minute.*

Rochefort, le 2 janvier 1685.

....J'ai fait savoir aux chirurgiens du bourg la volonté du Roi au sujet de la contestation qu'ils ont eue avec le chirurgien major et je les fait cesser par ce moyen.... (1).

---

près Versailles. C'est lui qui avait fait l'opération de la fistule du roi en 1686. (Jal. *Dictionnaire*, p. 569; Saint-Simon, t. VIII, p. 239, et XI, p. 105) Le premier médecin et le premier chirurgien du roi avaient la faculté d'établir dans les villes et bourgs de France des « chirurgiens visiteurs ordinaires », chargés de les tenir au courant des faits intéressant la science, etc., privilège qui fut supprimé par un édit de février 1692.

(1) Dans les notes qui accompagnent les *Documents inédits sur le duc de Saint-Simon* (p. 57-59), j'ai réuni quelques renseignements qui complètent ceux que M. A. Lefèvre avait donnés, dans son *Histoire du service de santé de la marine*, sur les origines de ce service à Rochefort; et j'ai indiqué le nom de quelques médecins et chirurgiens. On a vu, plus haut (n° IX) une pièce relative à Morisseau, apothicaire de la marine, et l'on trouvera ci-dessous de nouvelles indications, soit sur l'organisation du service de santé dans les arsenaux, dans les hôpitaux et sur les vaisseaux, soit sur la personnalité des médecins et chirurgiens. Parmi ceux-ci (les prédécesseurs des médecins actuels de la marine) lesquels étaient au service du roi à titre permanent? lesquels exerçaient librement leur profession dans les villes maritimes? Etant donnée la législation de l'époque, et en raison du caractère fragmentaire des documents qui nous sont parvenus sur l'histoire administrative du

XIX

Arnoul à Seignelay. — *Ibidem, minute.*

Rochefort le 28 mars 1685.

....

J'ai fait sçavoir, Monseigneur, aux pères de la Mission quelles étoient les intentions de Sa Majesté au sujet de leur établissement de Rochefort. Ils ont été très satisfaits de tout ce que je leur ai dit de sa part et dès le lendemain ils furent loger dans le bâtiment qui leur étoit destiné.

---

corps de santé, la distinction n'est pas facile à faire. A toutes fins utiles, voici encore quelques noms.

Le 26 février 1683 (volume 21.329), Châteauneuf écrit à Arnoul que « le curé de Tonnay-Charente propose de donner au sieur Macouneau la charge de chirurgien-visiteur en cette ville... » ; ce curé avait l'idée que, lorsqu'il visiterait des nouveaux convertis gravement malades, Macouneau leur demanderait s'ils ne voulaient pas se convertir, conformément aux prescriptions du gouvernement. — Le 13 novembre 1684, Arnoul écrit à Seignelay, qui l'avait interrogé à ce sujet, que le chirurgien Lanoue est absolument hors d'état de servir (vol. 21.330). Le 21 décembre 1684 (*ibid.*), le Roi, en réponse à une lettre d'Arnoul, demande si le chirurgien Dodart, de Rochefort, protestant, ayant manifesté l'intention de se convertir, « est habile, en ce cas on pourra l'employer ». Sur un état de pensions accordées en 1685 aux nouveaux convertis (*ibid.*, fol. 252), Dodart figure pour une pension de 200 l.; il avait servi longtemps sur les vaisseaux du Roi, et souhaitait « avoir un brevet pour être entretenu à ce port ».

Dans les listes données par M. Lefèvre, on voit figurer comme ayant eu le titre de premiers médecins du port, Merle (1675), de Veyrie (1681), Lecoq (1684), Chirac (1694). Lecoq exerçait à Cognac avant d'être appelé à Rochefort. Le 15 juin 1684, le capitaine de vaisseau de Beaujeu écrivait de Rochefort à son ami Cabart de Villermont (lettre publiée par M. Margry, *Mémoires et documents pour servir à l'histoire des origines françaises des pays d'outre-mer*, t. II, p. 433) : « Madame de Beaujeu a pensé mourir. Elle doit la vie après Dieu à un médecin de Cognac appelé M. Lecoq, qui l'a traitée avec science et application jusques à passer les jours et les nuits au chevet de son lit. C'est un homme d'une grande réputation dans toutes ces provinces et qui la mérite bien, dont M. Arnoul a fait choix pour remplir la charge de chirurgien (*) de la

---

(*) Médecin.

J'ai pareillement fait sçavoir aux frères de la Charité la résolution que Sa Majesté avoit prise de retirer les malades de Charente et qu'elle ne pouvoit plus se servir d'eux à Rochefort pour la conduite de celui qui y doit estre établi. Comme ils sont payés jusques au 5° d'avril, ils tiendront les malades jusques à ce temps là et je tacherai de faire en sorte qu'on les puisse porter deslors à ochefort. Pour cet effet, sitôt que j'y serai de retour, je verrai avec les pères de la Mission, ainsi que Sa Majesté me l'ordonne, de quelle manière on pourra tourner l'hôpital pour la commodité des malades et je tacheray d'aporter le moins de changement qu'il se pourra à ce qui a esté fait. En tous cas Monseigneur, vous pouriez vous mesme sur ce que j'auray l'honneur de vous escrire décider de quelle manière vous souhaitterez que l'on fasse.

. . . .

---

marine à Rochefort et qui y est arrivé en même temps que Madame de Beaujeu est tombée malade ». Il mourut en février 1694, au début de l'épidémie qui décima alors la population de Rochefort. Dans l'état des appointements de 1685, il figure pour des appointements mensuels de 125 francs; Fondalon pour 165 l. 13 s. 4 d., 4 autres chirurgiens pour 50 l. chacun; et Godeau, chirurgien, ayant soin des malades qui débarquent à La Rochelle, pour 30 l. (Sur Godeau, cf. *Documents inédits sur Saint-Simon*, p. 95).

Les registres des baptêmes de Rochefort pour l'année 1697 mentionnent six maîtres chirurgiens: Imbert, Michel Neys, Bernard-Magné, Léon Faure (marié à Marguerite Pequet), Nicolas Dufour et Jean Germain, et deux maîtres apothicaires, Pierre Thoumaseau (marié à Françoise Rousseau) et Jean Cabanes (marié à Jeanne Brune), sans que rien indique s'ils servaient dans la marine ou dans les hôpitaux.

Le 26 février 1683, Seignelay écrivait à Arnoul: « Le Roi ne veut point qu'il soit entretenu d'autres écrivains ni chirurgiens dans ses ports et sur ses vaisseaux que ceux qui ont été choisis par ordre de Sa Majesté ». (*Papiers Arnoul*, vol. 21.329.)

A Saint-Martin de Ré, il y avait un chirurgien-major, nommé Galibert, employé dans l'hôpital tenu par les religieux de la Charité; en janvier 1685, il sollicita une augmentation d'appointements qui lui fut refusée par le secrétaire d'Etat Châteauneuf (*ibid.*, vol. 21.331) (voir la pièce XX).

XX

Galibert à Chasteauneuf. — *Ibidem, original.*

Saint-Martin à l'île de Ré, le 6° Mai 1685.

Monseigneur,

Avant que la citadelle de Saint-Martin de Ré eût été construite, on m'a donné pour mes appointements de chirurgien major du fort de la Prée, la somme de trois cens livres : savoir 180 livres sur le trésorier de l'extraordinaire des guerres et 120 livres que Messieurs les intendans m'ont fait toucher pour supplément de mes appointements. A présent que j'ay l'honneur d'estre par brevet chirurgien major tant du fort de la Prée que de la ville et de la citadelle de Saint-Martin, j'ai toujours espéré que mes appointemens seroient plus forts et que Votre Grandeur me feroit grâce de considérer l'augmentation de fonction. Dans cette pensée, j'ai demandé le paiement de mes appointements. M. de Villeromard m'a fait dire qu'il n'y avoit que la somme de 180 livres pour le chirurgien major ; sur quoi Monseigneur, j'ai recours à Votre Grandeur pour la prier très humblement de me faire justice et de m'accorder la grâce de me dire avec un très profond respect etc.

GALIBERT.

XXI

Arnoul à Seignelay. — *Ibidem, minute.*

Rochefort, ce 12° juin 1685.

....

Les pères de la Mission ont fourny pour tous les vaisseaux qui sont en mer jusques à 7 aumôniers, et il ne leur en reste plus qu'un dans leur séminaire. Ceux qu'ils ont choisis paroissent honnestes gens et ils ont soin d'examiner ceux qui leur sont présentés d'ailleurs.

....

XXII

1685, 19 mai. — Mémoire concernant la paroisse de Rochefort adressé par M. Michalon, curé, à M. de Seignelay. — *Archives de la marine, B³ 48, fol. 294-296, original.*

19 mai 1685.

La paroisse de Rochefort est une des plus grandes du Royaume.

Elle renferme dans son étendue trois églises paroissiales : Saint-Louis dans la ville, Notre-Dame hors les murs de la ville, Saint-Hippolyte du Vergerou qui en est éloigné d'une lieue. Ces trois paroisses qui n'en font qu'une, contiennent à présent sept à huit mille communiants, dont la plus part sont répandus en plus de dix-sept villages, tous fort éloignés les uns des autres.

Pour servir une paroisse déjà si grande, et qui augmente tous les jours, il n'y a que le seul curé, qui ne pouvant suffire à cette charge où il faudroit cinq ou six prêtres, entretient à ses dépens deux vicaires pour le secourir. Il n'a de revenu fixe que cent écus (1), et le casuel ne vas pas à plus de 800 francs qu'il partage avec ses deux prêtres. Ce revenu, outre qu'il est très modique, est fort incertain et diminue souvent plutôt qu'il n'augmente, parce que la plupart des habitans sont des artisans, des soldats ou des travailleurs qui ne subsistent tous que par l'argent du Roi, et par les travaux qui sont souvent interrompus.

Faute de revenu suffisant, la paroisse manque de prêtres et ce défaut fait qu'elle est presque abandonnée, que plusieurs personnes meurent sans sacrements, et que les enfants ne sont pas instruits.

L'office se fait dans l'église de Saint-Louis avec aussi peu de décence que dans une église de campagne. Aux

---

(1) Les capucins touchaient en 1685, comme aumôniers du port, un traitement de 68 liv. par mois (*Etat des dépenses pour 1685, vol. 31331*).

jours des plus grandes fêtes il n'y a que la seule messe du curé, les deux vicaires étant obligés d'aller la dire aux deux églises de la campagne.

Le curé reçoit fort peu de secours des deux communautés que le Roi a établies à Rochefort. Les Capucins confessent dans leur église, et ne peuvent point entrer dans les fonctions extérieures des curés, à quoy par leur profession et leurs habits, ils sont peu propres. Ils ne confessent que peu de malades ; et il reste toujours au curé l'obligation de les visiter, de leur administrer les sacrements de viatique et d'extrême onction, et, après leur mort de les inhumer et en faire les obsèques ; de sorte que les secours qu'il reçoit de ces pères ne diminue presque en rien la peine qu'il doit prendre. Les missionnaires (1) ne s'occupent qu'à la direction de l'hôpital et des aumôniers, de sorte qu'ils refusent même au besoin de rendre à la paroisse les services qu'elle pourroit recevoir tant d'eux que des dits aumôniers.

De plus, la paroisse est très pauvre en toutes choses. La fabrique n'a aucun revenu assuré pour entretenir l'église, ce qui fait qu'elle manque des choses les plus communes, étant entièrement dépourvue des vases, linges, livres, argenterie, et ornements nécessaires à la célébration du service divin. L'autel est nu, le tabernacle n'est qu'ébauché d'un bois tout simple, sans peinture ni dorure, la lampe ne brûle devant le Saint Sacrement que trois ou quatre heures par jour, parce qu'il n'y a point de fonds pour l'entretenir, et il n'y a qu'un seul ornement d'autel fort vieux et même fort usé dont il faut se servir tous les jours sans pouvoir distinguer la différence des festes par la différence des couleurs selon les règles de l'Eglise.

Il n'y a aussi aucun fonds pour l'entretien d'un prédicateur d'Avent et de Carême, ce qui oblige de faire tous les ans une quête, mais qui est toujours si modique qu'on

---

(1) Lazaristes.

ne peut avoir un prédicateur tel qu'on le voudroit choisir.

Le curé qui est à Rochefort depuis cinq ou six ans a employé tout ce qu'il avait de bien, tant dans sa famille que d'un autre bénéfice pour servir sa paroisse avec la décence convenable à un lieu aussi important que Rochefort, mais ne pouvant plus fournir à cette dépense qui l'a épuisé, il est sur le point de se retirer dans un établissement qu'il a dans le Chapitre de Saintes où il est pourvu de la seconde dignité. Et néanmoins, si sa personne n'est pas désagréable à Mgr le Marquis de Seignelay, il continuera dans son employ et le préfèrera à d'autres plus considérables, par le désir qu'il a de servir le Roi, s'il plaist à Mgr le Marquis de lui accorder avec la qualité de premier aumônier de la marine en ce port, le double des appointemens que le Roy donne à chacun des autres aumôniers, y aiant cette différence entre luy et eux, qu'ils ne servent qu'un petit nombre d'hommes sur un seul vaisseau pendant une campagne seulement, et que lui est continuellement obligé de servir tous les officiers, soldats, matelots et autres employés dans le département pendant toute l'année.

Le dit curé supplie aussi Mgr le Marquis de vouloir ordonner un petit fonds pour servir de gages à un prédicateur d'Avent et de Carême, de donner présentement à la paroisse une somme de quatre ou cinq escus, pour être employée à l'achat des ornements, linges, et meubles les plus nécessaires, pour faire le service divin ; et enfin d'ordonner aux missionnaires de rendre à la paroisse, tant par eux que par les aumôniers, lorsqu'ils seront dans le port, tous les services qu'ils pourront dont le dit curé aura besoin, pour le secours spirituel et intruction des habitans, soit de la ville, soit de la campagne.

Et si Monseigneur veut bien accorder au dit curé ses demandes, il promet de faire servir sa paroisse avec toute la décence convenable et de s'employer avec tout le soin et le zèle dont il sera capable, pour continuer ses services au Roi en la personne de ses officiers et autres employés dans la marine (1).

MICHELON,
P[rêtre], *Curé de Rochefort.*

XXIII

Arnoul à Seignelay. — *Ibidem, minute.*

Rochefort, ce 24° juin 1685.

....

Les suppléments que les capucins et le chirurgien major de Saint-Martin en l'Ile de Ré vous ont demandés se prenoient sur un fonds de 2.400 livres qui se faisoit tous les ans sur le trésorier de l'extraordinaire des guerres, mais M. de Louvois l'a supprimé depuis l'année précédente de sorte qu'ils sont réduits effectivement à leurs appointements ordinaires pour lesquels ils sont couchés sur l'Etat major et doivent rendre de plus au trésorier ce que je leur avois fait avancer pour l'année 1684 parce que ce fonds s'est trouvé supprimé dès le commencement de l'année et que je n'en fus averti que sur la fin, c'est de quoi j'avois déjà escrit pour eux à M. de Louvois, mais je ne crois pas qu'il soit dans le dessein de les rétablir comme ils étoient auparavant veu qu'il ne m'a rien répondu sur leur sujet et m'a fait réponse sur quelqu'autres qui sont toujours payés sur ce mesme fonds.

....

---

(1) L'Evêque de La Rochelle visita les établissements de Rochefort le 24 juin 1685 ; à la suite de diverses démarches et formalités, il érigea le 28 novembre une nouvelle cure sous le vocable de Saint-Louis (*Archives*, t. XIII, p. 413-417).

XXIV

Arnoul à Seignelay. — *Ibidem, minute.*

Rochefort, ce 3ᵉ juillet 1685.

....

Après tout ce que vous me recommandez sur les fonds, j'ai peine à vous envoyer, Monseigneur, un état, vu que les sœurs de la Charité qui sont établies présentement à l'hôpital demandent des meubles pour garnir une seconde salle, et une particulière pour les cadets ; cela paroit cependant fort nécessaire, veu qu'il n'y a jamais eu qu'une salle garnie d'une seule garniture, et que ce qui s'est retiré des religieux de la Charité, dont on s'est servy jusque à présent, estoit fort usé.

Vous approuvâtes, Monseigneur, un dessin qui vous fut envoyé l'année précédente pour mettre l'hôpital en estat et dont la dépense montait à 14.000 livres dont il n'en fut remis que 6 qui sont consommés ; le reste n'a pu se prendre sur le fonds commun des bâtiments par la raison qu'il a fallu réserver le tout pour les formes auxquelles il ne pourra pas même fournir, et pour quelques réparations indispensables ou pour l'entretien ordinaire. Je prends la liberté de vous envoyer le restant de ce qu'il y auroit à faire à cet hôpital pour que vous puissiez y avoir l'égard que vous jugerez à propos ; le tout, suivant ce dernier état, monte à 18.000 livres au lieu de 14.000 livres, ce qui provient des raisons que vous trouverez à la fin de l'état.

....

XXV

Arnoul à Seignelay. — *Ibidem, minute.*

La Rochelle, ce 21 septembre 1685.

....

Il faudroit au moins deux très bons prédicateurs à La Rochelle. Il en faudroit un bon à Marennes et à Rochefort et des missionnaires dans tout le reste du pays qui instruisissent les curés aussi bien que les paroissiens. Nous avons des pères de la Mission à Rochefort qui sont d'honnêtes gens, mais ils ne font rien pour l'instruction des nouveaux convertis. Je leur en ai parlé plusieurs fois, mais ils n'y sont pas du tout propres ; ils ne se sentent pas assez forts pour cela et je ne vois que les Jésuites qui s'acquittent bien de ces sortes d'emplois ; si vous le trouvez à propos je sçaurois d'eux ce qu'ils pourroient faire suivant ce projet pendant six mois ou un an. Cependant je vous supplirai de vouloir bien envoyer ici des livres pour la messe et pour leur expliquer les principaux mystères de la religion, ayant donné tous ceux que j'avois pris de M. Pélisson.

XXVI

Arnoul à Châteauneuf. — *Ibidem, minute.*

Rochefort ce 28 octobre 1685.

....

Vous m'avez marqué, Monseigneur, que le Roi destinoit les confiscations de partie des biens de ceux de la religion qui s'en étoient allés dans les pays étrangers pour l'église nouvelle qu'il faudra faire à Rochefort ; mais ce n'est pas un fonds assuré suivant le nouvel édit qui révoque celui de Nantes, vu qu'en revenant dans quatre mois, ils rentrent dans leurs biens ; et c'est une nécessité, cependant, tout à fait indispensable de faire au plus tôt ici une église. M. l'évêque ni personne ne juge point qu'il fût à propos de se servir du magasin à poudre parce qu'elle seroit trop éloignée de tout. Ainsi la faisant toute en son entier à neuf, la moindre qu'on puisse faire coûtera du moins 70.000 livres pour le peuple qui est ici sans comprendre la place et pour peu qu'il plût au Roi de l'orner, cette dépense pouroit aller à 100.000 livres.

Il n'y a point de paroisse dans le royaume qui ne soit

mieux servie et mieux meublée. Le curé a trois paroisses à servir et le plus souvent il n'y est pas parce qu'il craint le mauvais air. Il n'a tout au plus que deux vicaires dont il y en a presque toujours un de malade, de sorte qu'il y est mort en dernier lieu des gens sans pouvoir avoir les sacrements. M. l'évêque m'a dit vous avoir envoyé sur cela des mémoires afin qu'il vous plût Monseigneur, demander au Roi quelque bénéfice pour avoir ici cinq ou six prêtres avec un curé particulier et laisser le revenu fixe à celui qui auroit les deux paroisses de dehors.

....

XXVII

Arnoul à Châteauneuf. — *Ibidem, minute.*

Rochefort, le 20 novembre 1685.

....

On s'aperçoit aussi qu'il ne vient presque point d'enfants de nouveaux convertis pour être baptisés à l'église, ce qui m'a obligé de rendre une ordonnance pour obliger les pères, sages femmes, et les médecins et chirurgiens qui assisteront aux accouchements à les déclarer dans le jour à peine de 400 livres d'amende.

J'en vais rendre une autre de même contre les médecins et chirurgiens qui n'avertissent pas les curés des malades qu'ils verront, vu qu'il y en a qui meurent sans être assistés...

XXVIII

Arnoul à Seignelay. — *Ibidem, minute.*

Rochefort, ce 18ᵉ décembre 1685.

....

La compagnie des nouveaux gardes auroit besoin d'un chirurgien. J'avois ordonné que ceux qui sont entrenus leur serviroient tour à tour, mais on ne peut les y résoudre parce que ce n'est proprement qu'une fonction de barbier. Comme ils sont tous fort habiles dans leur métier, je n'ai pas cru devoir insister de peur qu'il ne parût une désobéissance formelle de leur part.

XXIX

Arnoul à Seignelay. — *Même collection, volume 21.333, minute.*

Rochefort, le 19ᵉ mars 1686.

....

Comme vous m'avez ordonné ci-devant, Monseigneur, de vous faire savoir sur quoi les sœurs grises qui prennent soin de l'hôpital vous ont demandé 7.000 livres pour les meubles, c'est en conséquence d'un état qui avoit été envoyé le 19ᵉ juin de l'année dernière, montant à 12.781 livres 14 sols dont vous trouverez la copie ci-jointe (1) et à compte duquel vous ne fites remettre que 6.000 livres qui ont été employés à ce qu'il y avoit de plus pressé et le reste manque.

....

XXX

Pièce jointe à une lettre d'Arnoul à Châteauneuf du 4 avril 1686. — *Ibidem. copie.*

Etat des paroisses du diocèse de La Rochelle auxquelles il faudroit des vicaires et des prêtres d'augmentation à l'occasion des conversions qui se sont faites.

....

Rochefort. Il n'y a qu'un seul curé pour trois paroisses, dont il y en a une de sept à huit mille communiants, et le curé n'a ordinairement qu'un vicaire. Il faudroit remettre le curé à la même paroisse et pour l'église de la nouvelle

---

(1) Cette copie manque.

ville de Rochefort, il faudroit une communauté qui fît le service, telle qu'il plairoit à Sa Majesté de la choisir. Elle pourroit pour cet effet y attribuer un bénéfice comme celuy de Trisais de 3.000 livres de rente qui en est proche, et qui appartient à M. l'évêque de Lectoure (1), ou celui de Saint-Vivien (2) de Saintes de 2.000 livres de rente, dont la cure de Rochefort dépend, et qui appartient au chevalier du Cambout (3) à qui Sa Majesté pouroit donner en ce cas un autre bénéfice.

....

XXXI

Arnoul à Louvois. — *Ibidem, minute.*

Saint-Martin-de-Ré, ce 30° juin 1686.

....

Les malades ne sont pas dans cette garnison aussi bien qu'ils le pourroient être ; l'hôpital est trop resserré de beaucoup, et la maison joignante que l'on a prise par nécessité n'est pas commode. Cependant il y a de quoi épargner au Roi le louage de cette maison, et de quoi agrandir cet hôpital sans qu'il en coûte rien à Sa Majesté, si vous vouliez bien, Monseigneur, faire donner des lettres patentes aux religieux de la Charité pour s'établir en cette ile, parce qu'il y a moyennant cela 10.000 livres qui leur doivent revenir du testament de feu M. de Pierrepont. Je m'étois attendu jusques à présent que ces religieux feroient pour cela toutes leurs diligences ; mais j'ai découvert qu'ils seroient, au contraire, bien fâchés que cela fût, parce que leur maison de Paris doit jouir de ce legs tant que celle d'ici n'aura

---

(1) Hugues de Bar, évêque de Lectoure en 1671, mort en 1691.
(2) Voir *Archives*, t. XIII, p. 373, 394, etc.
(3) Guillaume de Cambout, chevalier de Malte, lieutenant de vaisseau; par sa mère, il était petit-fils de l'ancien évêque de Saintes, Jacques Raoul, qui avait été marié avant d'entrer dans les ordres.

point de lettres patentes ; et comme s'il leur étoit impossible de les obtenir, ils pressent pour qu'on les agrandisse aux dépens du Roi. C'est de quoi j'ai cru que je devois vous devoir donner avis afin que vous ayez la bonté d'y donner les ordres que vous jugerez à propos.

XXXII

Arnoul à Seignelay. — *Ibidem, minute.*

Saint-Martin-de-Ré, le 4 juillet 1686.

....

J'ai vu la liste qu'il vous a plu de m'envoyer de quelques femmes de mauvaise vie qui sont à Rochefort ; il y en a plusieurs que j'ai fait chasser ; mais elles y reviennent toujours. Je voulois obliger le directeur de l'hôpital général de La Rochelle de les recevoir et de les tenir enfermées dans un lieu particulier, mais ils en font difficulté, et il leur faudroit payer une pension pour elles.

Il est d'ailleurs assez difficile de faire le procès à ces sortes de créatures.

....

XXXIII

Arnoul à Seignelay. — *Ibidem, minute.*

Rochefort, ce 11 juillet 1686.

....

Si vous êtes toujours, Monseigneur, dans le dessein de mettre aussi une communauté à Rochefort ou du moins quelque bon et habile ecclésiastique qui sache prêcher et diriger, qui ait du zèle et de la charité, et qui prenne soin d'avoir de bons vicaires pour gouverner cette paroisse, l'occasion est favorable, vu que le prieuré de Saint-Vivien qui vaut 2.000 livres de rente est vacant depuis quelque temps par la mort du chevalier du Cambout, et que le curé de Rochefort est obligé de quitter.

XXXIV

Arnoul à Seignelay. — *Ibidem, minute.*

Rochefort, ce 21 juillet 1686.

. . . .

J'ai conféré avec M. l'évêque de La Rochelle au sujet de la cure de Rochefort ; nous travaillons aux formalités qui doivent précéder la séparation de la nouvelle église d'avec l'ancienne cure, et nous vous enverrons ensuite, Monseigneur, les mémoires de ce que vous demandez pour cet établissement. J'aurai l'honneur de vous dire par avance que nous ne trouvons point de communauté qui convienne mieux que les Pères de la Mission, et qu'il suffiroit d'en avoir cinq dont l'un d'eux feroit l'office de curé, vu que le prieuré de Saint-Vivien ne vaut, à ce qu'on prétend, que 15 à 1.600 livres de rente.

. . . .

XXXV

Arnoul à Seignelay. — *Ibidem, minute.*

Rochefort, ce 1er septembre 1686.

. . . .

M. l'évêque de La Rochelle doit vous avoir envoyé présentement, Monseigneur, tout ce qu'il avoit à faire de sa part pour la séparation de la paroisse du dedans de Rochefort d'avec celle du dehors, et il ne reste plus qu'à faire faire les fonctions curiales aux Pères de la Mission. Mais il y a le curé qui a recours à la bonté du Roi pour avoir quelque dédommagement du casuel qu'il va perdre, et qui lui pouvoit valoir environ (1)..... Cependant les Pères

---

(1) En blanc.

de la Mission commencent à demander présentement une nouvelle maison et un grand jardin à l'endroit même où sera établie la nouvelle paroisse, ayant impatience à se retirer de l'endroit où ils sont, et où ils se trouvent fort incommodés, n'ayant ni cour ni jardin, ni l'étendue qu'il leur faudroit pour leur logement, et l'air y étant fort mauvais. Comme je serai bientôt à la Cour je recevrai sur cela moi-même, Monseigneur, les ordres qu'il vous plaira de me donner aussi bien que sur les autres dépenses à faire l'année prochaine.

....

XXXVI

1687, 5 mars. — Ordonnance de révocation. — *Même collection, vol.* *21.334, copie.*

Versailles, le 3 mars 1687.

De par le Roi.

Sa Majesté étant mal satisfaite de la conduite du sieur Racine l'un de ses aumôniers entretenus à Rochefort, et ne voulant plus s'en servir Elle enjoint au sieur de Mauclerc, contrôleur ordinaire de la marine et ordonnateur en ce port, de le renvoyer chez lui (1). Fait à Versailles, le 3 mars 1687.

Louis.
Colbert.

Collationné : De Mauclerc.

XXXVII

Arnoul à Seignelay. — *Ibidem, minute.*

Paris, ce 9 mars 1687.

....

Je suis bien fâché, Monseigneur, que ma santé ne me permette pas de vous porter moi-même ces papiers ; elle

---

(1) En marge, il est écrit, *a été congédié.*

n'a pas cependant été cause que vous ne les avez pas eu plus tôt, ayant profité de toutes les heures que m'ont pu donner M. Pussort et M. de Fourcroy. Cela vous fera juger, Monseigneur, que ma maladie n'est pas comme celle de mon père, ainsi que j'apprends qu'on l'a voulu publier. Mon plus grand mal vient de l'état de mes affaires, étant presque réduit dans la cruelle nécessité d'abandonner tout mon bien parce qu'il me faudrait près d'une année de travail pour y remédier.

Vous m'aviez fait espérer, Monseigneur, que vous me donneriez une lettre de cachet pour faire arrêter mon homme d'affaires, lorsque j'aurois un jugement contre lui, je l'ai obtenu depuis sept ou huit jours ; mais sans votre autorité je ne seray jamais payé, vu qu'il détourne tous les jours ses effets. J'ai attendu, Monseigneur, l'extrêmité pour vous faire souvenir de la grâce qu'il vous a plu de m'accorder là dessus.

Comme vous m'avez ordonné, Monseigneur, de faire partir le sieur Poirel, il va pour recevoir vos ordres. M. l'évêque de La Rochelle et M. l'abbé de Fénelon vous ont témoigné qu'il étoit l'unique qui avoit du crédit sur les nouveaux convertis et souhaitent que je vous le confirme, ainsi que je le fais. Mais comme il sollicite ici pour entrer dans quelques affaires et qu'il n'a pas reçu les grâces qu'il espéroit pour les services qu'il a rendus, il croit avec raison que cela diminuera son crédit si on le voit retourner sans quelque distinction. Ainsi, Monseigneur, il doit vous présenter un placet par lequel il demande une place d'écrivain principal pour un de ses enfants qui en est fort capable, et cela contribueroit à lui conserver l'ardeur qu'il a toujours fait paroître par le passé fort utilement, c'est un témoignage que je dois à la vérité conformément à ceux que vous ont rendu M. l'évêque et M. l'abbé de Fénelon (1).

---

(1) Le contrat d'établissement des prêtres de la mission comme curés

XXXVIII

Seignelay à Arnoul. — *Ibidem, original.*

Versailles, le 11 mars 1687.

Je vous ai écrit il y a quelques jours qu'il étoit nécessaire que vous vous rendissiez ici incessamment, et je suis surpris que vous ne soyez pas venu depuis. Cependant le Roi m'a demandé déjà plusieurs fois si vous n'étiez pas encore parti ; une absence aussi longue que celle que vous avez faite de votre département ne pouvant pas convenir à son service. Ainsi il est nécessaire que vous vous rendiez incessamment ici, et que vous y veniez en état de partir sans retardement pour Rochefort.

XXXIX

Arnoul à Seignelay. — *Ibidem, minute.*

mai 1687.

Je me donne l'honneur de vous envoyer l'état des ornements que demandent les Pères de la Mission pour l'église de Rochefort, vu que tous ceux qui y servent présentement appartiennent à la paroisse du dehors suivant le procès-verbal qui est ci-joint.

Les Pères de la Mission attendent toujours le contrat et les lettres patentes pour leur établissement dans cette paroisse, sans quoi M. l'évêque de La Rochelle ne peut point leur donner de visa.

Ils me pressent de faire travailler à la maison que vous avez ordonné qu'on leur donnât pour la mettre en état qu'ils y puissent loger, ce sera une dépense d'environ 500 livres.

Ils prétendent qu'ils ne peuvent plus trouver d'aumôniers depuis que le Roi les a réduits à 10 livres par mois

---

de Rochefort fut signé, à Paris, le 10 mars, par Seignelay et M. Jolly (*Archives*, XIII, 418).

pour eux, outre les 20 livres qui se paient pour leur nourriture dans le temps qu'ils sont à terre ; ils croient que si Sa Majesté vouloit seulement donner 15 livres au lieu de 10 livres à ces aumôniers qui en avoient 25 auparavant, ils pourroient encore y engager d'honnêtes gens.

XL

Arnoul à Seignelay. — *Ibidem, minute.*

La Rochelle, ce 29 mai 1687.

....

Les sœurs grises qui sont dans ce département demandent des médicaments pour secourir les pauvres. S'il y avoit eu des remèdes de retour à Rochefort, je leur aurois fait donner et elles s'en seroient servies, mais il n'y en a point. Il y a pour 1.925 livres de dépenses à faire indispensablement à l'église du dehors de Rochefort, suivant l'état ci-joint. Comme il n'y a que des paysans qui sont fort pauvres et que le Roi en est le seigneur, c'est une nécessité, Monseigneur, de vous en écrire.

....

XLI

Arnoul à Châteauneuf. — *Ibidem, minute.*

Rochefort, ce 1er juillet 1687.

....

Vous trouverez ci-joint, Monseigneur, un mémoire qui m'a esté remis par le chirurgien major de l'Ile de Ré au sujet de ses appointements. Il est très certain qu'ils sont bien médiocres en comparaison du travail auquel il est obligé, étant chargé du soin des troupes de la ville et de la citadelle et devant aller visiter aussi les malades du fort de la Prée qui est éloigné d'une lieue de la ville de Saint-Martin.

XLII

Arnoul à Seignelay. — *Ibidem, minute.*

Charente, ce 12 août 1687.

....

Les Pères de la Mission qui doivent desservir la cure de Rochefort (1), sont arrivés et sont entrés en possession. Je vous supplie très huamblement de vouloir bien me faire savoir s'ils doivent prendre des droits pour les baptêmes, les mariages et les enterrements, ou s'ils se doivent contenter de ce que Sa Majesté leur donne.

Celui qui avoit la cure auparavant est à Paris présentement qui sollicite quelque bénéfice, il seroit juste qu'il plût à Sa Majesté de lui en faire donner un qui fût au moins de 1.000 ou 1.200 livres ; la cure de Cognac qu'on lui avoit donnée n'étoit que de 7 à 800 livres et a été impétrée par un autre.

....

XLIII

Arnoul à Seignelay. — *Ibidem, minute.*

La Rochelle, ce 26 août 1687.

....

Je croyois apporter quelque ordre à Rochefort au sujet des filles de mauvaise vie qui y abondent de toutes parts, quoi que l'on puisse faire. J'en avois fait mettre jusqu'à 8 ou 10 en prison, et comme elles n'y pouvoient toutes tenir, j'avois fait faire avec votre agrément un petit endroit séparé, croyant que quand il y en auroit une ou deux cela feroit fuir toutes les autres, mais comme il y en a fallu mettre jusques à 6 à la fois, elles ont percé la muraille et

---

(1) La sentence épiscopale unissant la cure à la Mission est du 2 juillet (*Archives*, XIII, 421).

s'en sont enfuies. Cela me fait connoitre qu'il faudroit avoir un plus grand logement où on put les faire travailler comme à Brest et à Toulon, et qu'il vous plût donner les ordres au munitionnaire pour les faire nourrir parce que les sœurs grises ne veulent point s'en charger.

....

XLIV

Arnoul à Seignelay. — *Ibidem, minute.*

Rochefort, ce 11 septembre 1687.

Monseigneur,

J'ai fait savoir à M. Guimbaud, ci-devant curé de Rochefort, la grâce qu'il vous a plu de lui faire en lui procurant une gratification de 600 livres. Comme il est à Paris, il ne manquera pas apparemment de vous en aller remercier, mais il vous représentera sans doute en même temps que cela ne peut pas le dédommager d'un bénéfice qui lui rapportoit plus de 2.000 livres de revenu. Ma conscience m'oblige, Monseigneur, de me joindre à lui dans cette occasion pour vous supplier très humblement d'y avoir égard, parce que c'est moi qui l'ai porté à donner sa démission pour qu'il ne se trouvât aucun obstacle au dessein que le Roi avoit de donner cette cure aux Pères de la Mission. Je serois fâché cependant que le sieur Guimbaud pour avoir suivi mon conseil se trouvât sans avoir présentement de quoi subsister. Je croyois qu'il pourroit profiter d'une cure dont l'ancien curé l'avoit flatté, mais elle a été impétrée par un autre, de sorte que cet ecclésiastique, honnête homme et qui a du mérite, resteroit abandonné de tous côtés si votre charité et votre justice n'y avoient égard. Je lui devois quant à moi ce témoignage pour qu'il n'ait pas **toujours ce reproche à me faire d'être cause de son malheur.**

XLV

Arnoul à Châteauneuf. — *Ibidem, minute.*

Rochefort, ce 16 septembre 1687.

....

A l'égard de l'affaire du sieur Barail, chirurgien major d'Oleron, je me suis informé sous main de ce qui lui est arrivé suivant le mémoire qu'il vous a plu de m'envoyer ; mais je ne puis porter aucun jugement sur ce que j'en ai appris, de sorte que je me donne l'honneur de vous envoyer ce qu'on m'en a écrit pour que vous puissiez vous-même, Monseigneur, y faire les réflexions que vous jugerez à propos.

XLVI

Arnoul à Seignelay. — *Ibidem, minute.*

Rochefort, ce 25 septembre 1687.

......J'ai vu, Monseigneur, par la lettre que vous m'avez fait l'honneur de m'écrire, du 10, que l'intention de Sa Majesté n'est pas de rien régler encore jusques à présent sur la réédification des églises de ce département et que même elle est dans le dessein de prendre ce qui pourra revenir de ces fonds pour l'église de Rochefort ; mais je crois être obligé en conscience de vous dire qu'il y a bien de ces églises où il est d'une nécessité indispensable de travailler et qu'il y a même dix endroits où il en faudroit bâtir, par nécessité, de toutes nouvelles.

XLVII

Seignelay à Arnoul. — *Correspondance de la Cour, Bibliothèque de la marine à Rochefort. Original.*

Versailles, le 16 avril 1688.

Un soldat de la galère *la Magnifique* a présenté des lettres de rémission ; il expose qu'ayant blessé fort légèrement à la tête un homme qui le maltraitait, on avait porté le blessé à l'hôpital, qu'on l'avait mis avec un malade de fièvre chaude et qu'il était mort dix-sept jours après plutôt de fièvre que de sa blessure. Le Roi veut que vous examiniez les informations qui ont été faites... (1).

SEIGNELAY.

XLVIII

Seignelay à Begon. — *Ibid., original.*

Versailles, le 19 avril 1689.

....

J'ai vu ce que vous m'écrivez sur les difficultés que font les Missionnaires de Rochefort en toutes occasions. J'en parlerai à leur Supérieur général, et je vous ferai savoir ensuite les intentions de Sa Majesté à leur égard. Cependant je suis bien aise de vous dire que la menace qu'ils font de quitter est si peu considérable et conviendrait même si bien au service par rapport aux difficultés qu'ils font tous les jours, qu'il n'y a pas de ménagements à garder avec eux sur l'obligation dans laquelle ils sont entrés par le traité qu'on a fait avec eux, et il faut que vous leur déclariez que l'intention du Roi est qu'ils aient toujours dans leur maison le nombre de dix aumôniers et qu'ils remplacent ceux qui iront à la mer. Je vous envoie aussi un ordre du Roi à leur supérieur pour l'obliger de donner un mis-

---

(1) Le docteur Bourru a cité ce passage (*Séance publique annuelle de l'Académie de La Rochelle, Epidémies de Rochefort en 1694*, La Rochelle, 1881 ; *Des épidémies qui régnèrent à Rochefort en 1694*, Paris, 1882, p. 24), Begon écrivait, en 1709, de l'hôpital de Rochefort : « Il serait à désirer qu'on y mit un plus grand nombre de lits, les malades étant deux à deux ». (A. Lefèvre, *Histoire du service de santé de la marine*, 1867).

sionnaire pour avoir inspection sur la conduite des aumôniers qui servent dans l'escadre de Rochefort....

SEIGNELAY (1).

XLIX

Seignelay à Begon. — *Ibid., original.*

Versailles, le 30 avril 1689.

Sa Majesté n'a pas estimé à propos d'envoyer une augmentation de sœurs grises à Rochefort et elle est persuadée que le nombre qu'il y en a à présent doit suffire. Elle n'estime pas non plus qu'il y ait rien à changer à ce qui vous a été écrit au sujet du Te Deum à chanter sur l'amiral (2) à la bénédiction des vaisseaux neufs. Le supérieur de la Mission est sans contredit le chef des aumôniers de la marine, et cela joint à sa qualité de curé de Rochefort, lui donne

---

(1) Dans le volume où j'ai pris cette lettre, je trouve la pièce ci-jointe qui me paraît assez intéressante pour que je la cite, au moins en note, bien qu'elle n'ait pas trait à l'hôpital de Rochefort ; elle donne des renseignements sur le fonctionnement d'un hôpital voisin. C'est un « état des payements qui se font à Brouage et à Oléron pour l'entretien de l'hôpital », en voici l'analyse : « Pour la nourriture des malades, 6 sols par jour sont payés au directeur par soldat ; ailleurs, pour les remèdes, on paye 1 sol par jour et par soldat, ici on paye 10 sols pour une médecine composée, un julep, un sirop, 5 pour une médecine ou un clystère. En 1687, 4.443 journées ont coûté 4.330 livres ; en 1688, 4.404 journées ont coûté 4.136 livres ; par suite chaque journée a coûté 19 sols, plus 4 sols de la solde de chaque soldat, plus 1 sol donné par soldat au chirurgien, plus le prix des saignées et des ventouses, enfin le Roi paie le bois. Ordinairement un officier coûte 15 sous par jour et un soldat 7 sous ». Durant les mois de janvier et février 1690, d'après l'état des dépenses de février 1690 (qui est contenu dans le volume des dépêches de la cour en 1690, *Bibliothèque de la marine, à Rochefort*), les remèdes achetés pour l'hôpital d'Oléron coûtèrent 413 l. 3 s. 4 d. « J'ai été surpris, écrivait Louvois à Begon, le 21 avril 1689, de voir la manière d'économie qui se fait dans les hôpitaux de Brouage et d'Oléron, je vous prie de la faire cesser au plustôt ». (*Ibid., vol. de 1689*) (voir la pièce XLV).

(2) Le navire portant le pavillon de l'amiral.

incontestablement le droit de faire ces fonctions. Il faut que vous empêchiez que les capitaines ne fassent aucune difficulté sur ce sujet et j'en écris en conformité à M. l'évêque de La Rochelle....

L

Jolly à Seignelay. — *Archives de la marine, B3 59, fol. 141-142. Original.*

Paris, ce 24 mai 1689.

J'écrivis au supérieur de nos confrères qui sont à Rochefort après que j'eus l'honneur de vous parler à Versailles, et je lui mandai les plaintes que vous faisiez de sa conduite. Il m'a répondu :

1° Quant au refus qu'on lui impute d'avoir fait d'un prêtre pour aller dire la messe le jour de Pâques sur le vaisseau nommé *l'Excellent,* qu'il est vrai que le mercredi saint, M. l'intendant et le capitaine du vaisseau lui demandèrent ce prêtre et qu'il leur dit qu'il avoit déjà fourni treize aumôniers pour les vaisseaux qu'on avoit armés à Rochefort, et qu'il n'y en avoit plus ; sur quoi ces Messieurs lui dirent qu'il faloit faire faire les Pâques aux personnes de l'équipage de ce vaisseau et demandèrent que deux ou trois prêtres des nôtres y allassent ; sur quoi il leur représenta que les obligations de la paroisse en ce temps là ne permettoient guère qu'il pût envoyer personne à deux lieues du port, et que néanmoins s'il plaisoit à ces Messieurs de prier un Père Capucin d'y aller, il y joindroit un de nos prêtres ; à quoi ils s'accordèrent, et la chose se fit ainsi ; car un Père Capucin et un des nôtres allèrent faire faire les Pâques à l'équipage de ce vaisseau, et y demeurèrent depuis le jeudi jusqu'au samedi ; et, personne ne se présentant plus pour se confesser, nôtre prêtre s'en revint à Rochefort pour aider à la paroisse, le Père Capucin demeurant pour dire la messe le lendemain jour de Pâques.

2° Pour ce qui est de la plainte de M. l'Intendant, sur ce qu'on n'avoit pas voulu lui donner des aumôniers par dessus le nombre de dix, le susdit supérieur me répond qu'il est vrai que mon dit sieur l'intendant lui ayant demandé des aumôniers pour les frégates et pour les flutes qui devoient aller aux Iles, il lui représenta que si on prenoit pour ces petits vaisseaux les aumôniers qui restoient, on auroit peine à en avoir pour les grands navires, parce que jusqu'alors on avoit eu ordre d'en entretenir seulement dix dans le séminaire. Il lui dit ensuite qu'il en fourniroit le plus qu'il pourroit, et qu'il en avoit donné un pour un vaisseau venu de Brest et un autre pour un vaisseau venu du Hâvre qui n'en avoient point.

3° Pour ce qui regarde le service de la paroisse et le soin des pauvres, il me mande qu'on fait fort exactement tous les dimanches deux prédications et deux catéchismes ; qu'on ne manque point, les dimanches et les fêtes, de chanter la messe de paroisse, que ces mêmes jours les confesseurs sont occupés au confessionnal depuis cinq heures du matin jusqu'à midi ; que l'on dit continuellement des messes à la paroisse, et que les sacrements se portent si exactement aux malades qu'aucun n'est mort sans les recevoir tous, excepté deux qui sont morts de mort subite, et quelques nouveaux convertis qui n'ont point voulu les recevoir quoi qu'on ait été chez eux dix, quinze et vingt fois pour tâcher de les gagner.

4° Quant à la pension des aumôniers, il me mande que lorsqu'ils sont en mer on ne paie rien au séminaire ; aussi ne seroit-il pas juste, étant nourris comme ils sont à la table du capitaine ; quand ils sont à terre, on paye vingt livres par mois pour leur nourriture.

5° Pour ce qui regarde les pauvres de la paroisse, il me mande que tous les jours, excepté les dimanches et les fêtes on leur fait un catéchisme à la porte de la maison, et on leur donne à tous l'aumône, laquelle on fait aussi aux pauvres familles honteuses, aux pauvres veuves et aux pauvres malades qui n'ont pas les qualités requises pour être reçus à l'hôpital.

6° Il ne convient point d'avoir dit qu'il étoit prêt à se retirer, mais il dit que M. l'Intendant l'ayant pressé de donner un des nôtres pour servir d'aumônier sur l'Amiral et lui ayant dit qu'il falloit servir ou quitter, il lui avoit répondu en riant qu'il n'en seroit pas fâché. Cette parolle a été mal dite, mais il dit qu'elle lui échappa sur ce que lui venoit de dire M. l'Intendant.

J'espère, Monseigneur, que ces réponses diminueront dans votre esprit quelque chose de l'effet qu'y avoient fait les plaintes qu'on vous avoit faites. Notre désir est de faire tout ce qui nous sera possible pour le service de Dieu, et pour celui du Roi, et pour votre satisfaction particulière. Nos confrères qui sont là sont bien dans ce dessein et j'aurai soin, selon mon devoir, de les y maintenir. On me mande que M. l'intendant ne paroit pas mécontent. Votre protection, Monseigneur, encouragera nos confrères à faire de mieux en mieux, nous nous la promettons de votre bonté.

JOLLY,
Prêtre de la Congrégation de la Mission.

LI

Gallot à Seignelay. — *Bibliothèque nationale, fonds Clairembault, mss. 880, fol. 39-40.*

La Rochelle, le 26 décembre 1689.

Monseigneur,

J'espérois de la justice et de la charité de votre grandeur qu'elle daigneroit avoir égard aux dépenses que j'ai faites depuis cinq ans pour l'instruction de la plupart des chirurgiens qui seront sur mer, Monseigneur. Comme ce n'est point de ma tête, ni par une vaine ambition que je fais des leçons publiques pour tous ceux qui veulent servir sur les vaisseaux en qualité de chirurgiens, j'ose encore une fois me flatter que votre grandeur ne trouvera point déraisonnables les demandes que je prends la liberté de lui faire.

Les ordonnances de Messieurs les intendants devanciers de M. Begon ont été formelles pour m'engager à cet emploi, et les promesses que M. Arnoul m'a souvent faites, Monseigneur, qu'il m'obtiendrait de votre grandeur un brevet de professeur du Roi avec des appointements achevèrent de me déterminer à prendre le parti. J'ai donc sacrifié avec plaisir mon temps, mes soins et ma petite fortune, et il m'a paru, Monseigneur, que mon travail n'a point été inutile au service du Roi, surtout depuis un an, ayant fourni dans ces derniers armements près de trente chirurgiens assez bien instruits dans leur profession. Monseigneur, si votre grandeur me soutient de son autorité, elle peut s'assurer que mon école va dorénavant être pourvue d'un bon nombre de chirurgiens qui seront suffisamment capables pour servir en cette qualité sur les vaisseaux du Roi. Au reste, Monseigneur, si les appointements que l'on a demandé à votre grandeur lui paroissent trop forts, je souhaite de tout mon cœur qu'elle les retranche à cent écus ou à tel autre point qu'il lui plaira, je suis très content, Monseigneur, pourvu que j'ai un brevet de votre grandeur qui me conserve dans quelque utilité pour le service du Roi. Je suis avec un très profont respect de votre grandeur, etc. (1).

GALLOT.

---

(1) Je trouve, dans le même volume (fol. 41), la note ci-jointe, datée de 1692 et qui semble être un placet destiné au secrétaire d'Etat.

« Le sieur Gallot, docteur en médecine. Il fait des leçons publiques de chirurgie, de botanique et de pharmacie aux chirurgiens qui doivent servir sur les vaisseaux du roi. Il visite, en qualité de médecin de l'hôpital de La Rochelle, les soldats de la marine et les matelots qui y sont mala-

LII

1692, 12 février. — Arrêt du Conseil d'État du Roi qui ordonne que le maître d'hydrographie et le chirurgien-major de la marine à La Rochelle seront payés des deniers de l'octroi de la dite ville, l'un sur le pied de 500 livres et l'autre sur celui de 360 livres par an, et ne seront point employés sur les états des appointements des officiers entretenus à Rochefort.— *Bibliothèque du ministère de la marine, manuscrits, n° 73, t. IV, fol. 164-165. Copie.*

Du 12 février 1692.

Extrait des Registres du Conseil d'Etat.

Le Roi s'étant fait représenter l'état des appointements des officiers entretenus dans le port et arsenal de Rochefort pendant l'année dernière 1691, dans lequel le maître d'hydrographie de la ville de La Rochelle est employé pour la somme de 500 livres et le chirurgien-major de la marine résidant dans la dite ville pour 360 livres ; comme ces deux officiers sont pareillement entretenus pour le bien et avantage du commerce maritime de la dite ville, il est nécessaire qu'elle supporte la dépense de leurs appointements, à quoi voulant pourvoir ; ouï le rapport du sieur Phelypeaux de Pontchartrain, conseiller ordinaire au Conseil Royal, contrôleur général des finances ; Sa Majesté, étant en son conseil, a ordonné et ordonne qu'à commencer au premier janvier de la présente année 1692, le maître d'hydrographie et le chirurgien-major de la marine établis en la ville de La Rochelle seront payés de quartier en quartier sur les de-

---

des. Il a ordre d'entretenir des correspondances dans les pays étrangers pour en faire venir les plantes curieuses qu'il envoie dans les jardins du roi, et dont il fait des expériences très utiles. Comme il ne peut soutenir les dépenses qu'il est obligé de faire avec 900 livres seulement qu'il reçoit de la ville de La Rochelle, supplie de lui accorder un brevet de second médecin de Rochefort avec 600 livres d'appointements, un seul médecin n'étant pas suffisant pour le service du port dans le temps des désarmements et de la mauvaise saison ».

niers d'octroi de la dite ville, savoir le maître d'hydrographie de la somme de 500 livres par chacun an, et le chirurgien-major de 360 livres.

Enjoint Sa Majesté au sieur Begon, intendant de justice et de la marine au pays d'Aunis, à Rochefort, de tenir la main à l'exécution du présent arrêt. Fait au Conseil d'Etat du Roi, Sa Majesté y étant, tenu à Versailles le 12ᵉ jour de février 1692.

Signé : PHELYPEAUX.

Louis, par la grâce de Dieu, Roi de France et de Navarre, à notre aimé et féal conseiller en nos Conseils, le sieur Begon, intendant de justice et de la marine au pays d'Aunis, à Rochefort, salut.

Par l'arrêt dont l'extrait est ci-attaché sous le contre-scel de notre chancellerie ce jourd'hui donné en notre conseil d'Etat, Nous y étant, Nous avons ordonné que le maître d'hydrographie et le chirurgien-major entretenus à La Rochelle seroient à l'avenir payés sur les deniers d'octroi de la dite ville ; à ces causes nous vous mandons de tenir la main à son exécution, pour laquelle nous commandons au premier notre huissier ou sergent sur ce requis de faire tous exploits et actes nécessaires sans autre permission, car tel est notre plaisir. Donné à Versailles, le 12ᵉ jour du mois de février, l'an de grâce 1692, et de notre règne le 49ᵉ.

Signé : LOUIS.

Et plus bas : par le Roi, PHÉLYPEAUX.
(*Scellé du grand sceau de cire jaune sur simple queue*).

LIII

1697, 25 janvier. — Baptême d'une femme musulmane dans la chapelle de l'intendant. — *Actes de baptême de la paroisse de Saint-Louis, Archives municipales de Rochefort.*

Ce jourd'hui 25ᵉ janvier 1697 a été baptisée en la chapelle (1) de la maison du Roi (2) de cette ville où loge M. l'Intendant, avec la permission de Mgr l'Evêque de La Rochelle, une femme âgée d'environ 45 ans, née sur les confins de la Hongrie et élevée dans la religion mahométane, après avoir été suffisamment instruite en notre religion et avoir souvent demandé le saint baptême durant les trois ans qu'elle a demeuré en cette ville. Le parrain a été M. Michel Begon (3), avocat au Parlement et commissaire de la marine ; la marraine Madame Magdeleine Drouillon (4), sa mère, qui lui ont donné le nom de Magdeleine...

Signé : M. DROUILLON, BEGON, TRAVAILLIER, curé.

LIV

Le Peletier (5) à Begon. — *Bibliothèque de la marine à Rochefort. — Correspondance de la cour. Original.*

...En donnant un emplacement pour l'église aux prêtres de la mission (6), il faut avoir soin de ménager du terrain

---

(1) C'est la seule mention que je connaisse de cette chapelle de l'intendant.

(2) Sur l'emplacement de la préfecture maritime. En 1694, le jardin du roi qui s'étendait du port de guerre jusqu'à la rue Saint-Pierre (aujourd'hui rue Chanzy), fut diminué de l'espace compris entre la rue Saint-Pierre et la rue des Fonderies.

(3) Michel Begon, écrivain principal de la marine à Toulon (16 janvier 1686), commissaire ordinaire (1er janvier 1690), inspecteur général en Saintonge et Aunis (16 octobre 1701), commissaire ordonnateur à Rochefort (13 juillet 1706), intendant au Canada (31 mars 1710), intendant au Havre (21 février 1724), intendant des armées navales (15 octobre 1746), mort le 18 janvier 1747 (A. Jal, *Dictionnaire critique de biographie et d'histoire*, p. 170).

(4) Fille de Pierre Druillon de La Morigonnerie, conseiller du roi, maître en la chambre des comptes à Blois, mariée à Michel Begon, alors président au présidial de Blois, le 16 février 1665, à Blois, en l'église de Saint-Solesme, le 16 février 1665 (Jal., *ibid.*).

(5) Contrôleur général des finances.

(6) Le 11 juillet 1697 avait eu lieu l'adjudication des travaux pour l'agrandissement de l'église jusqu'à l'alignement de la rue Saint-Paul.

pour construire des maisons le long de la nouvelle rue qui continue celle de Saint-Paul et d'achever la prolongation de celle des Charpentiers...

LV

Ponchartrain au supérieur des missionnaires de Rochefort. — *Archives de la marine, B² 127, fol. 462. Copie.*

Versailles, le 18 décembre 1697.

J'ai reçu la lettre que vous m'avez écrite le 30 du mois passé avec le placet qui y était joint. J'en ai rendu compte au Roi ; mais quelque bonne volonté que Sa Majesté ait de faire exécuter ce qui vous a été promis pour votre établissement, elle ne saurait encore à présent donner aucun ordre sur cela. Elle s'en souviendra quand Elle le pourra faire...

LVI

1698, 4 février. — Observation de Begon sur l'exécution du contrat passé le 10 mars 1687, par le secrétaire d'État de la marine avec le supérieur général de la congrégation de la mission (1). — *Archives de la marine, B³ 104, fol. 63, 65. Original. — Une copie est dans le registre B³ 44, fol. 32.*

A Rochefort, le 4 février 1698.

Sur l'article 1er :

Il arrive souvent que ce nombre (2) n'est pas rempli ; les prêtres de la Mission s'en excusent sur la moralité, et les maladies qui sont fréquentes ici. En quoi ils peuvent avoir quelque raison ; mais comme il est juste qu'on sache précisément à quoi s'en tenir, on croit que lorsque l'un d'entre eux est mort, il leur doit être accordé trois mois

---

(1) Voir p. 48 ce que j'ai dit de ce contrat dont L. Audiat a publié le texte. Les observations de Begon sont en face d'une copie de ce texte, copie qui est divisée en articles.
(2) 6 prêtres, 2 clercs et 2 frères.

pour le remplacer ; que lorsque l'un d'eux tombe malade, et que pour rétablir sa santé, ses supérieurs jugent à propos de le faire changer d'air, il doit être compté comme présent et que lorsque le général juge à propos pour des considérations particulières de rappeler quelqu'un des prêtres qui sont ici, il doit le remplacer dans le mois du jour du départ, à faute de quoi la pension sera diminuée à proportion, et ne sera plus payée que sur un certificat du Supérieur, et de deux des officiers, ou anciens de sa communauté qui attesteront que le nombre aura été complet.

Le peuple de la ville est augmenté de plus de moitié depuis le contrat, et M. de La Rochelle (1), en faisant sa visite, a trouvé que le nombre des prêtres n'est pas suffisant pour le travail dont ils sont chargés, y ayant continuellement des malades à administrer, et il juge comme moi, qu'il faut encore quatre prêtres d'augmentation au moins et du logement à proportion.

Sur l'article 2 :

La dite somme de 3.000 livres est payée tous les ans au supérieur de la Mission par le trésorier de la marine sur les fonds du port.

Sur l'article 4 :

Le loyer de la maison qui est occupée par les prêtres de la Mission est de 600 livres par an, qui sont payées sur les fonds du port ; mais comme ils n'avoient pas assez de logement, ils ont été obligés de louer encore une petite maison qui leur coûte 100 livres par an, outre l'entretien dont par les termes de cet article, il est juste qu'à l'avenir ils soient acquittés par le Roi, et que S. M. fasse encore louer une ou deux maisons contiguës à celles qu'ils occupent tant pour y loger les 4 prêtres d'augmentation que pour y loger les aumôniers, le logement qu'ils occupent à

---

(1) L'évêque de La Rochelle.

présent n'étant pas suffisant et ne pouvant être augmenté, d'ailleurs ils vivront plus régulièrement, et cet expédient mettra les supérieurs en état de remédier à tous les inconvénients dont on s'est plaint jusqu'à présent.

Le fonds (1) a été fait pour une fois seulement, mais comme Sa Majesté ne paye rien pour l'entretien, il seroit juste qu'elle eût la bonté de faire à l'avenir un fonds de 300 livres par an pour s'acquitter de l'obligation portée par cet article.

Sur l'article 6 (2) :

Cela ne s'est pas exécuté jusqu'à présent à cause du grand éloignement qu'il y a du séminaire à la cure, car si Sa Majesté a la bonté d'accorder ce qu'on luy demande par l'article 4 et qu'ils puissent loger à la cure, on en tirera de grands secours, et le séminaire sera mieux servi qu'il ne l'a été.

Il n'y a point d'aumônier pour les gardes de la marine. Ils (3) desservent eux-mêmes l'hôpital.

Comme par les deux contrats, le nombre des aumôniers n'est pas fixé, on est demeuré d'accord avec M. de La Rochelle qu'il étoit à propos qu'il y eût toujours dans le séminaire douze prêtres en état d'être embarqués et huit jeunes clercs qui seront élevés suivant l'intention de ces deux contrats.

LVII

Observations de Begon sur le contrat du 15 octobre 1689 relatif au service de l'hôpital et des séminaires (4). — *Archives de la marine*, B^2 *44*, *fol. 32-39* (5).

Il n'a point encore été élevé de jeunes ecclésiastiques,

---

(1) Pour les ornements d'église, etc.
(2) Prescrivant aux aumôniers de servir dans la paroisse.
(3) Les prêtres de la Mission.
(4) Voir p. 7.
(5) Cette pièce n'est pas datée, je pense qu'elle est de la même date que la précédente.

et les fréquents armements ont obligé de ne recevoir que des prêtres, le logement que le Roi leur a donné ne pouvant en contenir que 16 ou 17. Les dits 8 prêtres et 4 frères n'y ont point été entretenus, le Roi ayant dérogé à cet article par l'article 3 du contract pour l'établissement de la cure où il est porté que les prêtres de la Mission pourront faire une même communauté. Et parce que le grand nombre d'habitans donne beaucoup plus d'occupation pour la cure que pour le séminaire, principalement en temps de guerre, on s'est servi de cette liberté, et on n'a laissé au séminaire que trois prêtres et un frère pour le service du dit séminaire et de l'hôpital.

Le supérieur reçoit seulement 3.800 livres (1), laquelle somme luy est payée par le Trésorier de la marine sur les fonds du port et les autres 1.000 livres ont été déduits pour le prieuré de Saint-Vivien qui leur a été donné (2).

Les aumôniers étant à terre ont 15 livres par mois pour leurs gages qui font par an........ 180 livres

Le Roi paye d'ailleurs au supérieur 20 livres par mois pour leur nourriture................ 240 livres

                                                                 420 livres

Et lorsque les aumôniers sont à la mer, ils ont 30 livres, en sorte que cet article ne s'exécute ni à terre ni à la mer.

Ce changement s'est fait en 1687, par ordre du Roi et Sa Majesté y a profité pendant la guerre, parce qu'il y a toujours eu beaucoup plus d'aumôniers à la mer qu'à terre et ils n'ont été payés que sur le pied de 360 livres au lieu de 400 livres ; cependant il seroit bon d'expliquer cet article par un nouveau règlement et de s'en tenir à ce qui se pratique.

---

(1) Au lieu de 4.800.
(2) Il veut dire : en compensation de la donation du prieuré.

L'article pour les meubles et les livres a été exécuté ; mais le logement n'était pas suffisant, on proposera des expédients.

Les malades de l'hôpital sont bien servis.

La mission sur les vaisseaux ne se fait point. On ne donne aucune instruction aux gardes de la marine, auxquels il seroit nécessaire de pourvoir.

Ils (les membres de la mission) jouissent des droits d'entrée à Rochefort, mais lorsqu'ils font leurs provisions à Bordeaux ou en Saintonge, on leur fait payer les droits de sortie dont il seroit juste de les exempter.

Le privilège de franc salé leur est inutile, la gabelle n'ayant pas lieu à Rochefort.

Les prêtres de la Mission ne se sont jamais embarqués sur les vaisseaux. Il n'a point paru qu'ils aient établi cette subordination ; cependant ils disent que les sieurs Le Breton, de Combes et Valtrain en ont eu l'ordre.

LVIII

Pétition des aumôniers entretenus au séminaire de Rochefort. — *Archives de la marine, B3 44, fol. 29. Copie* (1).

Les aumôniers entretenus au séminaire de Rochefort représentent qu'ils sont destinés à des **emplois de fatigue** et périlleux sans espérance d'aucun avancement, et que, même, on leur a retranché de leurs appointements depuis quelques années.

Supplient de vouloir accorder à ceux qui l'auront mérité les bénéfices dépendants de la nomination du Prieuré de Saint-Vivien de Saintes (2), qui n'a été uni, en Cour de Rome, à la cure de Rochefort, que dans cette vue, ainsi

---

(1) Des lettres-patentes que M. Audiat a publiées (*Archives*, t. XIII, p. 441) furent signées par le Roi en juillet 1699 pour rendre cette union définitive.

(2) Sans date. Cette pièce figure à la suite des deux précédentes dans le volume où je l'ai trouvée.

qu'il est porté par la Bulle, faisant défense aux évêques dans les diocèses desquels ils sont situés, d'en disposer comme ils ont fait jusqu'à présent ; que lorsque les dits aumôniers seront hors d'état de continuer leurs services par infirmité ou par l'âge, Sa Majesté veuille bien pourvoir à leur subsistance pendant leur vie ; qu'Elle ait la bonté de considérer qu'étant exposés aux fatigues des campagnes, ils sont le plus souvent hors d'état d'entrer conjointement avec les prêtres de la Mission, dans le service de la cure et qu'ils sont seulement tenus de consoler les malades dans l'hôpital, étant toujours prêts cependant à administrer les sacrements lorsque la nécessité le requiert ; — et de vouloir modérer leurs travaux dans le port pour les conserver en état de servir à la mer.

LVIX

1698, 22 juin. — Parmentier, curé de Rochefort, à Pontchartrain. — *Archives de la marine, B³ 104, fol. 70-71. Original.*

Rochefort, le 22 juin 1698.

Je n'oserois pas me plaindre de ce que je n'aurois pas été honoré d'un petit mot de réponse à la lettre que je me suis donné l'honneur de vous écrire il y a environ un mois, d'autant que je crains de vous avoir été importun en vous faisant quelques demandes en même temps que pour la première fois je me donnois l'honneur de vous assurer de mes très humbles respects en qualité de curé de cette ville et de supérieur de cette maison. Mais, Monseigneur, ce qui me console, c'est que si je parois intéressé, ce n'est que pour toute cette ville. C'est pour MM. les aumôniers et pour la considération de notre communauté, de sorte que, ne cherchant aucunement mon intérêt particulier, il me semble qu'il est de la dernière conséquence, que l'église et nos bâtiments soient placés dans un meilleur air que celui où nous sommes présentement (1), si on veut que nous rendions service à la ville avec quelque sorte de satisfaction. En vérité, Monseigneur, n'est-ce pas une chose bien pitoyable de voir quasi un tiers de nos ouvriers hors de service par maladie, ce qui rend le fardeau plus pesant à ceux qui sont en santé. Depuis environ onze ans, nous avons perdu en cette maison plus de douze ouvriers ; et, si nous ne sommes pas dans un meilleur air, outre nos missionnaires qui sont malades, les aumôniers le pourroient être aussi. Comment, ensuite, pourroit-on accomplir facilement les pieuses et saintes intentions du Roi nôtre invincible et incomparable Monarque, puisqu'enfin il y auroit, assurément, continuellement des aumôniers malades ou convalescents si on n'avoit pas un lieu éloigné des brouillards de la rivière, du tintamarre et bruits du calfeutrage, aussi bien que de celui d'une halle, etc. Il y a longtemps que je sais que le Roi nous l'avoit promis. Il y va de la gloire de Dieu, du bien de toute une ville et de la conservation de deux communes renfermées en une seule, qui vous aura beaucoup d'obligation.

Oserois-je vous représenter, Monseigneur, que dans cette ville il y a quantité de malheureuses créatures qui perdent ici bien des personnes ; n'est-ce pas une honte pour cette ville qu'il n'y ait une espèce d'hôpital pour ces sortes de gens gâtés, sans parler de ceux qui se font panser en particulier ? On se contente de faire passer la rivière à ces misérables créatures quand elles sont attra-

---

(1) L'hôpital avait été construit à la suite du magasin des subsistances, il a été transformé en une caserne, appelée la caserne Charente. En 1693, il y avait été ajouté un pavillon. « Je vous fais remettre, écrivait Pontchartrain à Begon, le 1er septembre 1694, les 1.000 livres que vous demandez pour achever la couverture du pavillon de l'hôpital qui fut construit l'année dernière ». (*Correspondance de la cour, bibliothèque de la marine à Rochefort*). Le 25 avril 1701, M. Le Peletier de Souzy envoie à Pontchartrain un plan de Rochefort indiquant l'emplacement où devrait être construite une nouvelle église (*ibid.*).

pées, mais elles sont bientôt dans la ville. J'avois pensé qu'on pourroit mettre un careau à un des poteaux de la ville afin de les y tenir pendant un certain temps pour leur confusion ou faire une espèce de pilori pour la même fin ; mais on m'a dit qu'on ne pouvoit prononcer aucune peine afflictive sans appel avant l'exécution, ce qui, liant les mains à la justice, refroidit le zèle de ces Messieurs qui la doivent rendre ; et ainsi les crimes se perpétuent aisément sans punition. Je suis toujours avec de très profonds respects et avec mille souhaits d'une longue et heureuse vie *ad multos annos*, etc.

Parmentier,
Curé de Saint-Louis de Rochefort.

Je me suis donné l'honneur d'écrire aussi à Monseigneur de Maurepas (1) votre très digne fils, mais sans aucune réponse, ce qui assurément me décourageroit de donner les avis convenables en temps et lieu sans importunité ; car d'aller au Roi immédiatement, cela ne se peut pas facilement.

LX

1698, 17 novembre. — Parmentier, curé de Rochefort, à Pontchartrain. — *Archives de la marine, B³ 104, fol. 77, 78. Original.*

Selon que M. l'intendant m'a témoigné de votre part, je lui ai donné un mémoire des choses nécessaires à nôtre sacristie, afin de vous l'envoyer incessamment. Je vous avoue ingénuement, Monseigneur, que j'eus une très grande joie lorsque j'appris de si bonnes nouvelles, qui

---

(1) Jérôme Phélypeaux, dit le marquis de Philypeaux, puis le comte de Maurepas, puis le comte de Pontchartrain. Voir, sur ces titres : Delavaud, *Documents inédits sur Saint-Simon*, 1910, p. 7 et 49 (extrait des *Archives historiques de la Saintonge*, et *Un ministre de la marine, Jérôme Phélypeaux de Pontchartrain*, 1911, p. 13 et 18 (extrait du *Bulletin de la Société de géographie de Rochefort*).

nous ayant fait admirer votre insigne piété, nous obligeront après vous en avoir rendu mille actions de grâce, à prier Dieu pour votre conservation et qu'il soit lui-même votre récompense.

M. l'intendant m'a dit que le Roi ne veut pas entrer en connoissance des dettes de la sacristie, parce qu'elles ne le regardent pas, mais je vous supplie très humblement de considérer qu'elles ont été contractées, et que la sacristie ne s'est engagée que par faute d'avoir un fonds pour subvenir à ses nécessités, à quoi le Roi s'est obligé depuis plusieurs années. Si cela avoit été exécuté, elle auroit peu amasser avec le temps quelque argent, et elle en auroit payé le maçon qui a agrandi la sacristie, ce qui étoit absolument nécessaire ; elle auroit aussi payé le marchand pour des rideaux, afin de couvrir les tableaux pendant l'avant et le carême, selon l'ordre de l'Eglise, et pour un drap mortuaire. De même, elle auroit satisfait le marchand pour des cierges qu'il a fournis, et elle n'auroit pas été obligée d'emprunter cent écus pour les chaires et formes ce qui étoit bien nécessaire. Si ces dépenses ne sont pas raisonnables, je me tais aussitôt ; mais si elles le sont, il me semble que le Roi devroit secourir notre sacristie dans un si pressant besoin et dans une extrême nécessité où elle se voit réduite étant dans l'impossibilité de satisfaire pour ses dettes déjà contractées.

Croiriez-vous bien, Monseigneur, que peu s'en faut que je ne me jette en esprit à deux genoux à vos pieds pour vous demander la vie ; du moins je prendrai la liberté de vous la demander en faveur des aumôniers de ce port à l'occasion desquels je me souviens de vous en avoir écrit il y a quelque temps et voici le sujet.

Il y a environ quatre ou cinq ans qu'un de nos messieurs, considérant que la pension des aumôniers qui étoit de 300 livres étoit trop forte eu égard au bon marché des vivres de ce temps-là, il le représenta à la Cour, qui réduisit les pensions à 240 livres. Or, comme depuis ce temps-là les vivres ont beaucoup renchéri, de sorte que le tonneau de vin vaut plus de 200 livres (et il en est ainsi à proportion des autres choses), il est aisé de voir bien clairement que nous ne pouvons pas nourrir les aumôniers pour 240 livres par an. C'est pourquoi nous sommes endettés tant envers le boucher qu'envers le boulanger. Et c'est aussi ce qui me fait vous supplier très humblement d'avoir pitié de nous. Je suis persuadé que le Roi ne veut pas profiter à nos dépens. Les 300 livres avoient été sans doute octroyées bon an mal an ; le particulier n'a pu rien faire à notre préjudice et la justice commutative semble exiger que, si on a diminué la pension lorsque les vivres étoient à bon marché, on l'augmente ou au moins on la remette au premier état de 300 livres, les vivres étant si chers. Il seroit ce semble à propos de nous accorder quelque somme d'argent pour nous dédommager du passé. Au reste, Monseigneur, je vous dirai avec sincérité que je ne demande que la vie, tant pour moi que pour ceux que j'ai l'honneur de servir. Mon vice, grâce à Dieu, n'est point de vouloir thésauriser et s'il était nécessaire, l'évêque de Saintes vous en rendroit un fidèle témoignage, ayant été par deux fois supérieur dans son séminaire.

Je me suis donné l'honneur de vous écrire par deux fois afin que le Roi eût la bonté de nous désigner un lieu commode pour une église et les bâtiments nécessaires. Je marquois que l'endroit contre la halle, les bassins et la rivière étoit fort incommode et très malsain, que l'endroit contre la rue qui conduit aux fonderies étoit fort commode et en bon air. Et puisqu'on en donnoit des portions aux uns et aux autres, nous avions droit d'y prétendre puisque le Roi nous l'avoit déjà accordé ainsi qu'on me l'a mandé de Paris. Au reste, Monseigneur, pour le présent s'il ne se peut pas accorder du moins, nous serions bien aise d'en avoir l'assurance pour en jouir après que

M. l'intendant seroit sorti d'ici ; sinon nous vous supplions encore très hublement de nous obtenir de Sa Majesté les deux petites îles au haut de la rue Royale vers les remparts et on y pourroit faire une belle église au milieu, quand il plairoit au Roi. Enfin, Monseigneur, je vous supplie encore d'une façon particulière d'avoir pitié de nous ; c'est aussi ce que j'espère avec beaucoup de confiance de votre charité.

PARMENTIER, curé de Rochefort.

LXI

1698, 15 décembre.— Mémoire de Begon sur les besoins de la sacristie de l'église de Saint-Louis de Rochefort. — *Archives de la marine,* B³ 102, fol. 417. Original.

Par contrat du 10 mars 1687, Sa Majesté doit fournir les ornements de l'église et destiner un fonds pour l'entretien de la sacristie, linges, luminaires et autres choses nécessaires. Le premier article a été exécuté, Sa Majesté ayant fourni les ornements qui furent alors jugés convenables. Le second article ne l'a point été, n'y ayant eu aucun fonds destiné pour l'entretien des ornements, linges, luminaires et autres choses nécessaires ; ce qui est cause qu'on n'a pu se dispenser de s'endetter. D'ailleurs, les ornements étant déjà en partie usés, et tous ceux qui conviennent à une église bien servie n'ayant pas été donnés, il est nécessaire de renouveler ceux qui sont usés et de fournir ceux qui manquent.

L'état des dettes monte à 1.378 livres ; celui des ornemens qu'on demande à 3.573 livres ; celui de l'entretien de la sacristie à 500 livres par an.

Mon avis est qu'il ne convient pas d'entrer dans l'examen ni dans le payement des dettes ; et encore moins dans l'achat et le renouvellement des ornements, parce qu'il semble que Sa Majesté a satisfait à cet égard à ce qu'elle a promis. Mais sur l'article de l'entretien de la sacristie, il est certain que Sa Majesté y est obligé, et qu'on ne le peut le réduire à moins qu'à 300 livres par an. Il y a douze années qui sont échues et qui n'ont point été payées, ce qui monte à 3.600 livres dont Sa Majesté est suppliée de faire le fond qui sera employé par le curé et les marguilliers au payement des dettes, et le surplus en achats des ornements qui seront jugés être les plus nécessaires. Et qu'à l'avenir, à commencer au 1er janvier 1699, il sera fait un fonds de 300 livres par an dans les états de la Marine pour l'entretien de la sacristie pour linges, lampe, luminaires, entretien et renouvellement des ornements et réparations de l'église.

LXII

1699, 3 juin. — Brevet d'un don à l'hôpital des pauvres femmes malades de Rochefort. — *Archives de la marine, B³ 138, fol. 91. Copie.*

Aujourd'hui, 3 juin 1699, le Roi étant à Marly, ayant égard à la demande que lui a faite le sieur Begon, conseiller du Roi en ses conseils, intendant de la Marine à Rochefort et commissaire départi pour l'exécution de ses ordres en la généralité de La Rochelle, d'une somme de 398 livres 18 sols restant de net du compte qu'il a arrêté du bien des ministres et fugitifs de la dite généralité, pour l'hôpital des pauvres femmes malades du dit lieu de Rochefort, Elle a fait don au dit hôpital de la dite somme de 398 livres 18 sols, à la délivrance de laquelle seront les dépositaires contraints comme pour les propres deniers et affaires de Sa Majesté, et pour assurance de sa volonté, Elle a signé le présent brevet de sa main, et fait contresigner par moi, son conseiller d'Etat et de ses commandements et finances.

LXIII

1701, 22 juin. — De Lislefort, curé de Rochefort, à Pontchartrain (1). — *Archives de la marine, B³ 104, fol. 72. Original.*

L'année dernière, M. des Herbiers (2), commandant dans ce port comme plus ancien capitaine, voulut qu'on chantât le *Te Deum* sur l'amiral le jour de la fête de Saint-Louis, mais comme c'est une chose qui jusque-là ne s'étoit point encore observée ici à cette fête, depuis qu'il a plû au Roy de nous y établir, et que la Cour pourroit trouver mauvais qu'on innovât quelque chose sans sa participation, je me sens obligé de me donner l'honneur de vous supplier très humblement de me faire savoir si c'est la volonté de la Cour et la vôtre, que l'on continue à l'avenir cette cérémonie, étant très véritable qu'on ne peut donner de trop grandes démonstrations de joie à la fête d'un saint sous la protection duquel la personne du Roi et toute la France ont le bonheur d'être et à qui Sa Majesté a la gloire d'appartenir d'un façon si particulière.

LXIV

1705, 1ᵉʳ septembre. — Cholier (3), curé de Rochefort, à Pontchartrain. — *Archives de la marine, B³ 132, fol. 253-254. Original.*

Agréez que malgré la fâcheuse circonstance des temps où

---

(1) Jérôme de Pontchartrain, devenu secrétaire d'État en titre en 1699, quand son père devint chancelier de France.

(2) Armand-Charles des Herbiers, seigneur des Herbiers, capitaine de vaisseau, chevalier de Saint-Louis, capitaine général des gardes-côtes des Sables-d'Olonne, mort à Rochefort le 8 mai 1703 (G. Saint-Yves, *Quelques capitaines des flottes de Louis XIV*, Paris, 1901, p. 14. Extrait du *Bulletin de géographie historique et descriptive*).

(3) Né dans le diocèse de Saint-Malo en 1653. Par deux lettres du 8 février et du 1ᵉʳ mars 1710, Pontchartrain lui reprocha l'excès de zèle qui lui avait fait accueillir trop facilement des dénonciations contre Lambert père et fils, de Genouillé, accusés de ne pas fréquenter les sacrements (*Correspondance administrative*, IV, 287, 288).

nous sommes, j'aie l'honneur d'exposer à votre Grandeur un des plus grands et des plus pressants besoins de la ville de Rochefort, dans lequel Dieu, la religion et le public se trouvent intéressés.

Tous ceux qui considèrent les dépenses immenses qu'on a faites, et qu'on fait encore actuellement pour rendre cette ville une des plus belles du Royaume, tant pour son étendue que pour la magnificence de ses rues et de ses édifices, très peuplée et qui sera un jour une des plus opulentes à cause de son port, sont surpris qu'on ait omis ce qui sembloit devoir tenir le premier rang, je veux dire une église pour y faire les exercices de notre religion. Votre Grandeur a pu connoistre lorsqu'elle est venue en ce port ce que c'est que le pauvre édifice dont nous sommes obligés de nous servir, qui n'est proprement qu'une pauvre grange, et où on ne peut plus avec décence célébrer les divins mystères. Je n'oserois vous en faire la peinture ; il me suffit de vous représenter qu'outre qu'elle peut à peine contenir la quinzième partie de nos paroissiens, on y souffre des incommodités si grandes, surtout dans le temps des chaleurs, qu'il n'est pas possible d'y rester sans péril de la vie, comme nous le savons par expérience ; de plus, le grand bruit que l'on fait dans les formes, qui sont contiguës, nous interrompt et nous empesche de pouvoir célébrer les divins offices. Ce sont des vérités qui sont connues de toute la ville. Je sais bien que les besoins pressants de l'Etat ne permettent pas à Sa Majesté de nous bâtir comme il a eu la bonté de nous le promettre ; c'est pour cela aussi qu'en attendant que la bonté royale soit en estat de nous secourir, nous avons cherché quelque endroit d'où nous puissions tirer une somme pour commencer nostre édifice ; et nous n'avons point trouvé de moyen plus court et moins à charge au public que celui dont plusieurs se sont ci devant servi, qui est d'obtenir de Sa Majesté la permission de faire une loterie ad instar de celle qu'on vient de faire pour l'église de Poissy, en y mettant un plus grand nombre de billets à vingt sols chacun. J'en ai fait la proposition à M. l'Intendant de la part de tous nos paroissiens, qui nous a promis sa protection. Mais avant de nous engager dans une entreprise de cette force, nous avons particulièrement besoing de la vôtre, Monseigneur, que j'espère que vous ne nous refuserez pas puisqu'il s'agit de procurer la gloire de Dieu, le salut du prochain et l'édification de toute une ville qui vous est praticulièrement dévouée. Sitôt que Votre Grandeur m'aura fait connaître ses intentions, nos paroissiens dresseront un placet pour être présenté au Roi, et nous enverrons en même temps un projet de loterie pour être approuvé si la Cour l'agrée. Je n'aurai jamais une meilleure occasion pour vous renouveller l'assurance de mes très profonds respects et du dévouement entier avec lequel j'ai l'honneur d'estre, etc.

CHOTIER, curé de Rochefort.

LXV

1705, 10 octobre. — Chamillart (1) à Pontchartrain. — *Archives de la marine, B³ 132, fol. 149. Original.*

Il seroit à propos, Monsieur, que le curé de Rochefort fixât le fonds de la loterie qu'il a demandée et le bénéfice qui pourroit être pris sur ce fonds pour employer à construire une église paroissiale ; sitôt que j'en seray informé, je ferai savoir à M. Begon la grâce que le Roi a bien voulu accorder afin que de son côté il contribue en ce qui dépendra de lui à faire remplir cette loterie. Je suis très parfaitement, Monsieur, etc.

CHAMILLART

---

(1) Secrétaire d'État de la guerre.

LXVI

1705, 13 décembre. — Chotier, curé de Rochefort, à Pontchartrain.
— *Archives de la marine, B³ 132, fol. 255, 256. Original.*

Je me trouve encore obligé de recourir à Votre Grandeur, suivant l'ordre que j'en ai reçu de M. l'Intendant pour lui représenter très humblement les besoins du logement que le Roi a la bonté de nous accorder, en attendant que Sa Majesté soit en état de nous bâtir. Il n'y a qu'un an qu'il nous auroit infailliblement enseveli sous ses ruines si on n'y avoit apporté un prompt remède en y mettant une nouvelle charpente et couverture, l'autre étant entièrement pourrie. Il en est encore de même de l'escalier dont nous nous servons ; une partie est déjà tombée et ce qui reste est en si mauvais état qu'on ne peut plus y passer sans péril. Je l'ai fait visiter aux Ingénieurs qui m'ont dit qu'il falloit le refaire à neuf, et qu'il ne coûteroit guère davantage à en faire un de maçonnerie que de bois, ainsy que le premier, qui ne sauroit être de longue durée, étant trop exposé à la pluie. Ils m'ont ajouté que cette réparation regardant le Roi suivant les conventions du bail ci joint, il falloit avoir son ordre de Votre Grandeur.

Je vous supplie en même temps, Monseigneur, qu'en faisant cet escalier, il vous plaise d'ordonner qu'on fasse au-dessus un petit beffroi pour y placer une horloge dont nous avons un extrême besoin. Nous y mettrons une méchante petite cloche que nous avons, en attendant qu'il plaise à Sa Majesté nous dédommager de celle qu'on nous a prise pour servir à l'hôpital. La dépense de ce beffroi ne peut pas être considérable, et je crois qu'en nous donnant quelques pièces de bois de rebut qui pourrissent dans le parc, nous pourrons le faire pour 60 ou 80 livres. Il y a encore quelques autres menues réparations, auxquelles nous pourrons remédier pourvu qu'on nous accorde trois quarterons de planches prises aux magasins. J'ose espérer toutes ces grâces de vostre bonté avec celle de me croire, etc.

CHOTIER, *curé de Rochefort.*

LXVII

1706, ... mai. — Chotier, curé de Rochefort, à Pontchartrain. — *Archives de la marine, B³ 140, fol. 336. Original.*

Il y a cinq mois que je me suis donné l'honneur de représenter à Votre Grandeur le grand besoin que nous avons d'un escalier en notre maison, celui dont nous nous servons étant absolument hors de service. Vous avez eu la bonté d'envoyer vos ordres à M. l'Intendant pour en prendre connoissance et vous envoyer un état de la dépense qu'il faudroit faire, laquelle a été adjugée à 700 livres. M. Pelletier (1) à qui l'affaire a été renvoyée croyant (2) que cela étoit du département des fortifications en a écrit à M. Dubuisson (3), ingénieur principal en ce port, qui lui a répondu que cela ne regardoit point les fortifications, mais que cette dépense devoit être comprise en celles de l'arsenal, conformément à ce qui s'est toujours pratiqué en semblables occasions.

---

(1) Michel Le Peletier de Souzy (1640-1725), frère du contrôleur général Claude Le Peletier, conseiller d'État, intendant des finances (1684-1701), fut directeur général des fortications de 1691 à 1715. Voir L. Delavaud, *Le marquis de Pomponne*, 1910, p. 80 et note 1.

(2) Parce qu'on croyait...

(3) Gabriel du Buisson ; il signe, comme parrain, le 17 septembre 1697, l'acte de baptême de Louise-Gabrielle-Suzanne, fille de Louis Morel, capitaine au régiment de Damas, ingénieur des camps et armées du roi, et d'Etiennette-Suzanne du Buisson ; la marraine était demoiselle Catherine du Buisson. (*Actes de baptême de la paroisse Saint-Louis*). C'est peut-être lui aussi qui figure comme lieutenant du port sur un état des appointements de 1685. (*Collection Arnoul, vol. 21.331*). Le registre des baptêmes de 1675 contient un acte signé par Claude Haulliot, sieur du Buisson, commis au contrôle des vivres de la marine. Je ne sais si c'est la même famille.

Voilà, Monseigneur, l'état où les choses en sont demeurées sans qu'on ait encore rien exécuté, parce que mondit sieur Dubuisson m'a dit qu'il ne pouvoit rien faire sans avoir de nouveaux ordres de Votre Grandeur et qu'il étoit à propos de l'en faire ressouvenir. Je vous supplie donc, d'avoir égard à un besoin qui ne sauroit être plus pressant. Ce n'est qu'avec peine que je me rends importun ; mais certainement j'y suis forcé par la nécessité.

Je m'étois aussy donné l'honneur de vous représenter le grand besoin que nous avions d'une horloge pour remplacer celle qu'on nous a prise pour le grand hôpital, et Votre Grandeur, après en avoir parlé au Roi, avoit respondu à M. l'Intendant qu'il falloit ménager cette dépense qu'on faisoit monter à 2.500 livres, sur quelques profits qu'on pourroit trouver sur la dépense de ce port, ce qui nous ôte toute espérance de pouvoir jamais rien obtenir dans la fâcheuse situation où nous nous trouvons ; notre unique ressource est en la bonté du Roi et en l'honneur de votre protection. S'il plaisoit à Sa Majesté nous accorder un fonds de 2.000 livres, nous tascherions avec cette somme de faire un escalier et acheter une horloge, dont ne pouvons absolument nous passer ; car il n'est pas possible de régler une communauté, une aussy grosse paroisse et d'une aussi grande étendue que la notre sans horloge, n'ayant déjà pour toute sonnerie de notre pauvre église qu'une petite cloche qui a peine à se faire entendre, en sorte que MM. les gardes marine sont obligés de se servir d'un sable pour régler leurs exercices, et d'envoyer un de leur corps une demi-heure auparavant pour s'informer de l'heure que l'on a coutume de leur dire la messe.

Je croyois avoir trouvé quelque ouverture pour la construction d'une église par le moyen d'une loterie ; je voyois en effet la plupart de nos meilleurs habitants disposés à la demander au Roi. Mais quand il a fallu venir au fait, la crainte qu'ils ont eu de s'engager par là à la construction de cet édifice, les a fait changer de sentiments et quelques efforts que j'ai peu faire pour les faire revenir, je n'ai rien pu gagner. Suivant cela, nous avons encore beaucoup à souffrir et certainement la religion en pâtit ; car rien ne nous manque ni pour en faire une des paroisses la mieux réglée qu'un lieu assez spacieux pour y contenir notre peuple et pour y célébrer les divins mystères avec la décence requise. J'ai cru, Monseigneur, que comme je m'étois donné l'honneur de vous en écrire, il étoit de mon devoir de vous donner cet éclaircissement. Je vous supplie de me pardonner cette liberté et de me croire, etc.

Chotier, curé de Rochefort.

LXVIII

1707, 24 mars. — Le Peletier de Souzy (1) à Pontchartrain. — *Correspondance de la cour. Bibliothèque de la marine, à Rochefort. Original.*

J'ai reçu, Monsieur, la lettre que vous m'avez fait l'honneur de m'écrire le 23 de ce mois. Je ne puis que louer le zèle de M. Begon de vouloir procurer aux gardes de la marine et aux soldats de Rochefort le moyen d'entendre commodément la messe en leur faisant bâtir une chapelle proche des casernes. Je doute que le voisinage les obligeât à la fréquenter davantage, mais je sais que dans toutes les places du Roi où il y a de bien plus grosses garnisons qu'à Rochefort, on ne s'attache pas à faire des chapelles dans les casernes ou dans le voisinage.

Quant aux inquiétudes cruelles qu'il marque que l'on a dans la ville à cause des poudres qui sont dans le magasin qu'il voudrait convertir en chapelle, si vous voulez, Monsieur, prendre la peine de jeter les yeux sur le plan de Rochefort, vous verrez que ce magasin est très éloigné des quartiers habités et fréquentés.

---

(1) Voir p. 53, note 1.

Je ne sais si M. Begon trouverait autant de facilité qu'il l'espère à remplir une loterie de 20.000 livres ; mais outre que le Roi se rend présentement fort difficile sur les permissions d'en faire, j'appréhenderais que celle-là ne fût pas remplie dans dix ans et peut-être jamais.

Voilà, Monsieur, les raisons qui ont engagé Sa Majesté à ne pas recevoir les propositions de changement de magasin à poudre et, de bonne foi, je ne crois pas que ces projets conviennent à la conjoncture présente.

Je suis absolument et très affectueusement à vous.

Le Peletier.

LXIX

1708. — **Notes sur le petit hôpital de la Charité (1708, 2ᵉ semestre).** — *Correspondance de la cour. Bibliothèque de la marine, à Rochefort* (1).

Le petit hôpital de la Charité établi par M. Begon, intendant, est d'un très grand secours à Rochefort tant pour les pauvres femmes malades que pour les pauvres filles orphelines qui y sont en fort grand nombre.

Il y a au dit hôpital une salle pour les femmes dans laquelle il y a 13 lits lesquels sont toujours remplis de 18 à 20 malades. (Le Roi donne pour la subsistance des dits malades 2.000 livres par an, ce qui ne suffit pas pour l'entretien des malades à cause des dépenses extraordinaires que l'on est obligé de faire) ; une autre salle pour les orphelins remplie de 40 lits ; et une autre salle qui sert d'infirmerie aux dites orphelines dans laquelle il y a 11 lits.

Le nombre des orphelines est toujours de 45 au moins, l'hôpital n'étant pas en état d'en pouvoir recevoir davantange à cause du peu de revenu qu'il a, qui ne consiste que dans les rentes des maisons qui sont autour de l'église de Saint-Louis, qui ne consiste qu'en 355 livres par an ; les

---

(1) Cette note a été probablement rédigée par ordre de Begon.

cayennes qui sont sur le port devant l'amiral, qui produisent 246 livres ; et une petite corderie le long des remparts 50 livres.

LXX

1709, 21 mars. — Chotier, curé de Rochefort à Pontchartrain. — *Archives de la marine, B³ 175, fol. 135.*

Puisque Votre Grandeur m'ordonne de lui donner connoissance de ce qui se passe ici, je prends la liberté de lui représenter que les misères publiques vont toujours en augmentant et sont déjà si excessives que cette petite ville peut seule fournir plus de pauvres mendiants qu'aucune des plus grandes villes du royaume après Paris, sans parler des pauvres honteux dont le nombre n'est pas moindre : ce qui ne peut être autrement, puisque n'étant composée que de gens attachés au service, tant pour les travaux que pour la marine et ne subsistant que de ce qu'ils reçoivent du Trésor, qui leur est fermé depuis plusieurs années, il faut de nécessité que tout tombe, et que chacun se résolve à mourir de faim à moins qu'il ne plaise à la bonté du roi envoyer un prompt secours, lequel donné dans les conjonctures présentes, préviendroit de grands malheurs dont on ne peut être responsable, parce que les peuples rebutés d'une si longue suite de calamités qui les accable depuis tant d'années n'ont plus aucune retenue et disent hautement qu'ils ne se mettent plus en peine de quel genre de mort finir leur vie, et que si on ne leur paie une partie de ce qui leur est dû, ils mettront le feu aux quatre coins de la ville (1). C'est ce que j'ai entendu ; je ne crois pas néanmoins qu'il y ait personne assez hardi pour en venir là ; mais cela n'est point sans exemple, et si un

---

(1) Il y avait eu, le 5 juillet 1705, une émeute dans l'arsenal ; en juin 1708, des « gens mal intentionnés » tentèrent de mettre le feu au « magasin des artifices ».

tel malheur arrivoit (à ce que Dieu ne plaise), le Roi feroit ici une perte qui ne pourroit être réparée qu'avec des dépenses infinies. On n'entend parler que de vols, d'assassinats, et ceux qu'on soupçonne d'avoir du bien ou de l'argent ne vivent pas sans crainte. Il y a peu de jours, que neuf ou dix hommes déguisés entrèrent sur le soir en la cabane d'un nommé David, vieux avare et huguenot, située au milieu des marais, à trois quarts de lieue de cette ville, qui l'assomèrent avec sa femme et emportèrent environ 6.000 livres. Il en avoit à ce qu'on dit bien davantage, mais ils n'eurent garde de le trouver parce que la plupart de ses effets étoient en Hollande, aussi bien que ses enfants qui y sont établis. Cet homme n'avoit point ici de biens fond et ne laissoit pas de faire un gros commerce de blés, beurres, fromages et autres denrées, comme font encore les religionnaires de ces quartiers qui sont absolument les maîtres du commerce, qui leur donne moyen de faire passer l'argent de France dans les pays étrangers.

Je puis assurer Votre Grandeur que dans les circonstances présentes nous faisons ce que nous pouvons pour retenir nos peuples dans leur devoir ; mais on ne doit pas attendre grand succès de nos exhortations, si elles ne sont accompagnées de quelque chose de réel. De pauvres malheureux qui voient périr de faim leurs femmes et leurs enfants ne se contentent pas de paroles. Nous faisons de notre mieux pour les soulager, tous les jours à une même heure on distribue en divers quartiers de la ville trois grandes chaudières de potage à trois mille pauvres, et nous faisons cuire du pain pour être distribué aussi aux pauvres familles honteuses. M. l'intendant dont on ne sauroit assez louer le zèle, aussi bien que de toute son illustre famille, se donne tous les mouvements possibles pour faire venir des grains. On en a déjà trouvé une quantité suffisante ; mais il faut de l'argent pour en faire le paiement et c'est la plus grande difficulté qui nous arrête;

car après avoir fait un rôle de tous nos habitants qu'on pouvoit taxer en exécution de l'arrêt du Parlement, nous n'en avons trouvé qu'en très petit nombre, et moins encore de bonne volonté. Tous répondent aux collecteurs que le Roi leur paye ce qu'il leur doit, et qu'ensuite ils contribueront volontiers ; qu'à moins de cela, quand on braqueroit contre eux tous les canons de France, ils ne donneront rien absolument, de sorte que nous sommes bien loin de notre compte; car au lieu de 1.200 livres qui nous sont absolument nécessaires par chaque mois, je doute que nous puissions trouver 400 livres. S'il faut en venir à une collecte de rigueur suivant l'arrêt du Parlement, il est à craindre que le remède ne soit pire que le mal même, et n'excite une révolte publique. C'est ce que je vous supplie, Monseigneur, de remontrer à Sa Majesté, pour la faire incliner à nous donner quelques secours. MM. les trésoriers généraux de la marine pourroient bien, en cette occasion, faire quelques efforts pour faire une remise en ce port. Je vous supplie aussi, Monseigneur, de m'aider de votre protection auprès de Sa Majesté pour me faire payer d'une aumône assez considérable, qui me seroit d'un grand secours dans la conjoncture présente.

Défunt M. le chevalier des Augiers (1) avoit fait en l'année 1703, avant de partir pour les îles (2), un testament olographe, par lequel il lègue 2.000 livres en faveur des veuves des matelots de ce port qui leur doivent être distribuées par nos mains suivant la connoissance que nous avons de leurs besoins, et 100 livres pour faire célébrer dans notre église, des messes pour le repos de son âme. Le dit s^r Desaugiers avoit fait auparavant un autre testament en faveur

---

(1) Capitaine de vaisseau le 10 janvier 1687, mort dans sa propriété du Médoc le 9 décembre 1708.
(2) Il partit de l'île d'Aix pour les Antilles au mois de juin 1703 avec une escadre qu'il commandait.

de son frère qui est ecclésiastique ; ce qui a fait naître une contestation entre les héritiers, qui ne pourra être si tôt décidée. Comme la qualité de legs pie est toujours favorable et que la misère des pauvres est trop pressante pour attendre la décision du différend qui est entre les héritiers, je demande que, sans préjudice des parties au fond, les 2.100 livres me soient délivrées par provision des clairs effets du dit défunt. M. de Fontanieu (1) en a pour quinze mille livres, et qu'il peut facilement en faire tenir par une lettre de change à vue, ou par quelqu'autre voie qu'il jugera à propos. Je joins ici, une petite requête pour présenter au Roi, si Votre Grandeur le juge à propos. M. l'intendant a un petit extrait informe du dit testament qu'il m'avoit promis de vous envoyer ; peut-être l'aura-t-il envoyé à Monsieur de Fontanieu. Si j'avois pu lever le dit testament, je le joindrois à cette lettre, mais le notaire qui l'a entre les mains ne veut pas en donner de copie sans de gros frais, ce qui seroit préjudiciable aux pauvres, et je ne vois pas qu'il y ait aucune nécessité.

Je crains de rebuter votre patience par mes longueurs. Je finis en vous renouvellant, etc.

CHOTIER, curé de Rochefort.

LXXI

1709, 3 octobre. — Chotier, curé de Rochefort, à Pontchartrain. — *Archives de la marine, B³ 175, fol. 240-241. Original.*

J'ai été forcé de représenter plusieurs fois à Votre Grandeur, combien nous avions à souffrir du retardement des paiements ; je suis encore obligé de redoubler mes très humbles instances dans un temps aussi malheureux que celui où nous sommes, où les misères augmentent tous les jours au lieu de diminuer. Depuis six ans qu'on m'a chargé

---

(1) Intendant des meubles de la couronne.

de la conduite de cette maison, nous n'avons reçu chaque année que la moitié de nos pensions, presque rien pour la subsistance des aumôniers ni pour leurs appointements de terre. Par là Votre Grandeur peut juger de la mauvaise situation de nos affaires; car nos pensions étant assez modiques et à peine suffisantes pour notre subsistance, et celle des aumôniers encore moindre par le retranchement qu'on y a fait, il ne se peut faire que dans un temps où les vivres sont extraordinairement chers, nous ne soyons surchargés de dettes. Elles sont, en effet, si excessives, que nous serons enfin obligés de tout abandonner, à moins qu'il ne plaise à votre bonté de nous ordonner quelque fonds pour subvenir à nos plus pressants besoins. Jusqu'à présent, nous n'avons subsisté et fait subsister le séminaire que par des emprunts que nous avons faits ; mais nos créanciers se trouvant dans le même cas que nous, ne veulent plus rien nous fournir à moins qu'on n'ait l'argent à la main, les ordonnances n'étant plus dans la conjoncture présente d'aucune valeur. Nous en avons pour plus de 18.000 livres qui ne nous empêcheroient pas de mourir de faim. Ceci me donne occasion de représenter à Votre Grandeur un expédient qui peut-être ne seroit pas désagréable à la Cour ; qui seroit d'unir à la cure de cette ville ou au séminaire des aumôniers un fond amorti de pareil revenu que celui qu'on nous donne soit par union de bénéfice ou autrement suivant ce qui est porté dans nos conventions. Les Révérends Pères Jésuites, en ont agi de la sorte et ils ont été en cela beaucoup plus sages que nous ; car quoique les bénéfices par le malheur des affaires présentes soient surchargés de taxes, ils sont encore préférables à des ordonnances qu'on est obligé de garder longtemps avec danger de n'en rien recevoir. Il y a dans ces quartiers une petite abbaye appelée Notre-Dame de Sablonceau (1) qu'on m'a dit être d'environ 1.500 livres de

---

(1) A 20 kilomètres de Saintes ; Sablonceaux est une commune du

rente (1) toutes charges acquittées. Elle seroit fort à notre bienséance, à cause de sa proximité n'étant éloignée que de trois lieues. M. l'archevêque de Sens (2) en est titulaire; que si elle venoit à vaquer (3) et que votre Grandeur eût agréable de la demander au Roi pour être unie à son séminaire pour la subsistance des aumôniers seulement, cela nous mettroit en état de continuer nos petits services pour la conduite du dit séminaire de Sa Majesté, sans nous rendre importuns de ce côté-là.

Je me trouve encore dans l'obligation de représenter à Votre Grandeur les besoins de notre pauvre fabrique qui succombe aussi bien que nous. Lorsqu'il a plu à Sa Majesté d'ériger cette nouvelle paroisse, Elle s'est engagée de destiner un fond pour les ornements de l'église, l'entretien de la sacristie, linges, luminaire et autres choses nécessaires, ainsi qu'il est porté dans les conventions, conformément aux saints canons qui ne permettent point qu'on érige d'église paroissiale sans lui donner une dot suffisante pour son entretien. Sa Majesté a eu la bonté de faire donner chaque année 300 livres jusqu'à l'année 1703. De-

---

canton de Saujon. Sur l'abbaye, fondée en 1136 par le duc Guillaume d'Aquitaine, voir les pièces publiées dans le t. X des *Archives*, p. 321-334; le t. XIX, p. 113; le t. XXII, p. 230 et 284; le t. XXIII, p. 175-179 et 377; t. XXXI, p. 347; t. XXXV, p. 97; tome XXXV, p. 219 et 237 et le t. XIII du *Bulletin*, p. 85.

(1) En 1651, le revenu en était estimé à 15.000 livres de rente par Samuel Robert (*Archives*, t. XXXVII, p. 237); mais c'était évidemment sans déduction des charges.

(2) Hardouin Fortin de la Hoguette (1643-1715), archevêque de Sens depuis 1685; il avait eu ce bénéfice en 1671, après la mort de son oncle M. de Péréfixe, archevêque de Paris, qui en était titulaire; il s'en démit en 1713. C'était le fils du célèbre auteur du *Testament*, dont M. Tamizey de Larroque a édité les *Lettres* en 1888 pour la Société des *Archives* (t. XVI).

(3) Ce projet ne fut pas accueilli; l'abbaye après M. de la Hoguette, eut pour abbé, en 1713, M. de Chalons de Maisonnoble (qui fut évêque de Lescart en 1729 et mourut le 28 octobre 1762).

puis ce temps il ne nous a pas été possible de rien recevoir du Trésor. La dite fabrique n'a, d'ailleurs, aucun revenu et est néanmoins obligée de faire chaque année pour environ 1.000 livres de dépenses indispensables. Vous ne pouvez donc pas douter, Monseigneur, qu'elle ne soit beaucoup obérée. Les marchands qui ont fourni ci-devant, font instances pour être payés, et voyant qu'on est dans l'impuissance de rien donner que quelques ordonnances, ils refusent absolument de plus rien donner jusqu'à ce qu'on ait satisfait pour le passé. Nous nous voyons par là dans la triste nécessité de cesser les offices solennels, ce qui seroit une chose scandaleuse à la religion ; mais comme vous êtes, Monseigneur, plein de zèle pour soutenir ses intérêts, nous avons lieu d'espérer que vous entrerez dans ses besoins.

Je ne vous dis rien des misères de notre ville, dont vous êtes assez informé d'ailleurs. Elles sont si excessives, qu'elles y ont enfin causé une désertion presque générale, et bientôt cette nouvelle ville qui ne cédoit en rien en beauté, en magnificence et même en richesse aux plus belles villes du royaume sera réduite en un triste désert. Les marchands se sont retirés dans les autres villes de commerce, les bourgeois ont pris le parti de la campagne où ils ont du bien, les artisans sont allés dans d'autres ports pour tâcher d'y gagner leur vie ; bientôt, il ne nous restera plus qu'une grande troupe de pauvres orphelins que des mères désespérées viennent tous les jours exposer à nos portes. Cela demande, Monseigneur, un puissant secours de votre part. Sans quoi, il faut s'attendre à mourir de faim, parce que cette année sera encore incomparablement plus dure que la précédente. Il est même à craindre que la contagion ne suive de près : nous en voyons déjà quelques avant courriers. Voilà des choses qui méritent certainement votre attention ; j'aurois à me reprocher de ne vous en avoir pas fait mes très humbles remontrances, et j'ose espérer qu'elles ne seront pas sans effet.

Pardonnez-moi, Monseigneur, la liberté que je me donne et faites-moi la grâce de me croire, etc.

Chotier.

LXXII

1710, 17 mars. — Le Père Le Tellier (1) à Pontchartrain. — *Archives de la marine B³ 189, fol. 397. Original autographe.*

J'ai lu au Roi la lettre que vous m'aviez fait l'honneur de m'écrire au sujet de ses aumôniers du séminaire de Rochefort, et Sa Majesté a témoigné que son intention étoit effectivement d'y unir quelque bénéfice, mais qu'elle ne croyoit pas la chose encore si pressée.

....

Le Tellier J.

LXXIII

1711, 29 mai. — Le Gardien des Capucins de Rochefort à Pontchartrain. — *Archives de la marine, B³ 189, fol. 416. Original.*

Nos misères ne touchent pas Votre Grandeur. Elle ne les voit que sur le papier ; Elle y seroit sensible si elles estoient à ses yeux, c'est tout lui dire. Nous sommes dans le dernier accablement et hors d'état de nous soutenir ; nous devons plus de 1.600 livres à ceux qui ont fourni à notre entretien ; notre couvent, et particulièrement notre église menacent ruine pour n'y pouvoir faire les réparations. Mes religieux ne boivent que de l'eau ; le reste de la vie n'est guère plus délicieux. Nous languissons, nous ne vivons pas.

Monseigneur, ayez compassion de nous et que Votre Grandeur ne souffre pas que la misère nous sorte d'un lieu

---

(1) Jésuite, confesseur de Louis XIV.

où son Excellence Monseigneur le Chancelier (1) nous a établis ; il nous est impossible d'y demeurer sans secours. Depuis près de trois ans nous n'avons rien reçu de la Cour ; Messieurs des vivres ne nous ont encore rien donné ; cependant nous avons jusqu'ici satisfait à nos obligations, et à ce qu'on demande de nous. Nous sommes les aumôniers de l'amiral et nous le servons avec zèle ; nous entretenons toute l'année un prédicateur; le Roi nous oblige à être douze prêtres et ce n'est point trop ; nous ne nous refusons point aux malades et à tout ce qui est de notre ministère. Ordonnez, Monseigneur, qu'on nous donne ce qu'on nous a promis, et qu'on satisfasse à nos dettes ; nous n'avons ici aucune ressource, et c'est en Votre Grandeur que nous mettons toute notre espérance. Je me flatte qu'elle fera plus d'attention à cette humble supplique qu'aux précédentes. Si j'ai le malheur de n'être pas écouté, je la prie de s'informer à d'autres si j'exagère en ce que j'ai l'honneur de lui écrire. J'offre mes vœux au ciel pour votre Grandeur et toute votre illustre famille. Je suis avec tout le respect et la soumission possible, etc.

F. Placide d'Issoudun, gardien des Capucins.

LXXIV

1714. — Notes relatives au séminaire, transmises à M. de Pontchartrain par M. de Beauharnais, le 4 septembre 1714. — *Archives de la marine, B3 226, fol. 314-315 et 316-321. Original.*

Le Roi a eu avant les longues guerres, qui ont affligé son royaume, le très pieux et noble dessein de faire élever et former à l'état ecclésiastique, ceux des enfants de ses officiers qui s'y sentiront appelés. Sa Majesté avoit fait construire à cet effet un bâtiment particulier dans l'Hôtel Royal des Invalides, pour les y loger, et les y faire ins-

---

(1) Louis Philypeaux de Pontchartrain, le père.

truire ; le malheur des temps l'a rendu inutile jusqu'à présent. En attendant que la maturité des fruits de la paix puisse en procurer et permettre l'usage, il semble que l'on pourrai y suppléer en quelque façon en la manière suivante.

Sa Majesté a fixé dans les séminaires de la marine de Brest et de Toulon le nombre des aumôniers de ses vaisseaux à vingt. Celui de Rochefort, où le nombre n'en a point été fixé jusqu'à présent, pourroit être réglé sur le même pied. De ces vingt aumôniers il paroît qu'il suffiroit d'en avoir dix dans chaque séminaire qui fussent prêtres actuellement ; les dix autres pouroient être de jeunes enfants d'officiers de marine ou à leur défaut d'officiers de terre, qui ne seroient reçus dans les dits séminaires qu'à l'âge de 20 ans, ayant assez d'humanités pour y pouvoir faire leur cours de philosophie et ensuite leurs études de théologie, et sous la condition de servir le Roi sur ses vaisseaux, après leurs études achevées et leur ordination à la prêtrise, pendant le nombre d'années qu'il plairoit à Sa Majesté de leur ordonner.

Par ce moyen, on éviterait quantité d'inconvénients qui ont été jusqu'ici inévitables. Le premier, c'est la difficulté de trouver de bons sujets pour servir sur les vaisseaux du Roi : MM. les évêques en ont à peine assez pour desservir les paroisses de leurs diocèses, à la desserte (1) desquelles la plupart sont obligés d'employer des réguliers, faute de prêtres séculiers ; ils n'accordent des exéats, ou permission de travailler hors de leurs diocèses qu'à ceux qui sont ignorants ou vicieux. Le second, c'est la triste et dure nécessité de recevoir dans les séminaires de la marine, de très pauvres sujets, soit du côté des mœurs, soit du côté de la doctrine. Le troisième, c'est le malheur qu'on a d'être obligé de faire faire les fonctions d'aumôniers à

---

(1) Au service.

des prêtres qui n'ayant ni naissance, ni éducation, ni fonds de piété font plutôt le métier de marchands que celui d'apôtres, dans leurs campagnes, songent plus à gagner du bien par leur trafic et industrie, qu'à gagner des âmes par leurs exemples et leur zèle et font souvent beaucoup de peine à MM. les officiers avec qui ils ne savent pas vivre.

La pratique de ce moyen, au contraire, pouroit produire plusieurs avantages. Le premier seroit que dans peu d'années les séminaires de la marine se trouveroient remplis de bons sujets, dont les familles de MM. les officiers ne laisseroient jamais manquer. Le second, c'est que des sujets de cette naissance et de cette éducation seroient plus propres qu'aucuns autres à contenir efficacement et suavement les équipages et même MM. les officiers dans leur devoir. Le troisième, c'est que leur naissance et le service de leurs pères leur donnant plus d'espérance d'avoir part aux bienfaits du Roi, ils s'appliqueroient plus qu'aucun autre à la mériter par la régularité de leur conduite. Le quatrième, enfin, c'est que Sa Majesté en seroit mieux servie, et qu'il ne lui en coûteroit pas davantage.

Réponse (1) au mémoire de M. le supérieur du séminaire de Rochefort.	Copie du mémoire envoyé par le supérieur du séminaire de Rochefort à Monseigneur le comte de Pontchartrain.
M. le supérieur se contredit avec ce qu'il dit dans le sixième article ; car il dit par celui-ci qu'il n'y avoit que deux aumôniers en 1711 quand il a pris soin du séminaire, et dans le 6°, il dit qu'il a avancé 2.400 livres par an depuis	Le supérieur du séminaire de Rochefort en a pris la conduite le 8 mai 1711, il n'y trouva pour lors qu'un ou deux aumôniers, l'un desquels sollicitoit actuellement sa demi-solde, qu'il n'eut pas plutôt obtenue qu'il se retira.

(1) Par M. de Beauharnais.

1704 jusqu'à présent ayant toujours eu huit aumôniers par an.

Il n'a jamais été possible de savoir au juste, le nombre qu'il y a eu d'aumôniers dans le séminaire, MM. les supérieurs ayant toujours prétendu que les officiers du Roi du port de Rochefort, n'ont aucun droit d'en prendre connoissance, ce qui fait qu'il seroit très aisé à MM. les supérieurs d'en abuser s'ils le vouloient. Il faudroit pour le bon ordre que M. le supérieur fût obligé à mesure qu'un aumônier entre dans le séminaire ou qu'il en sort, d'en avertir et de donner son nom à M. l'intendant, et que le commissaire de la marine qui a la direction de l'hôpital fût tenu de faire la revue des aumôniers au moins une fois le mois pour en rendre compte à M. l'intendant, il seroit par là averti des changements qui arriveroient parmi ces messieurs, des temps qu'ils sont malades à l'hôpital et qu'ils sont absents, et on

Tous les autres aumôniers étoient à la mer.

Tous les aumôniers qui étoient alors au séminaire y sont encore excepté ceux qui sont morts ; le sieur Costier qui obtint sa demi-solde peu de jours après l'arrivée du supérieur et le sieur Armand qui l'a obtenue l'année dernière. Le sieur Drouot, qui, par mécontentement de quelque officier, quitta son vaisseau à Saint-Domingue, à raison de quoi le dit supérieur n'a pas voulu souffrir qu'il rentrât au séminaire étoit un de ceux que le dit supérieur a substitué à ceux qui sont sortis ou morts. Depuis son arrivée, il leur a encore substitué MM. de la Fosse, Mahony, de la Bruyère, et deux autres qui ont donné leur parole de se rendre incessamment au séminaire, et qui, avec les trois susnommés et les sieurs Fernier et Vayssières, qui en étoient avant son arrivée et en sont encore, feront les 8 aumôniers.

pouroit avertir le contrôleur qui auroit soin d'empêcher que ces aumôniers ne soient payés de Sa Majesté pendant les dits temps.

Il n'y a que deux aumôniers actuellement au séminaire, les sieurs Martin et Février ; à la mer, les sieurs Lacoste, la Bussière et Marcaty, ou absents pour leurs affaires.

Ce que dit M. le supérieur est vrai, et il seroit bon de fixer le nombre des aumôniers au port de Rochefort comme dans les autres ; comme il compte d'aller incessamment à Paris, il pourra recevoir sur cela les ordres de Monseigneur le Comte de Pontchartrain.

Cela est vrai.

Le dit supérieur a l'honneur de représenter très humblement à Monseigneur le Comte de Pontchartrain,

Que le nombre des aumôniers qui doivent être entretenus au séminaire de Rochefort n'est point réglé ni fixé dans le contrat passé entre M. de Seignelay pour Sa Majesté et le supérieur général de la Congrégation de la Mission, ni dans les ordonnances de la marine, où le nombre des aumôniers pour les ports de Toulon et de Brest est fixé à 20.

Que le dit supérieur depuis son arrivée à Rochefort n'a laissé manquer aucun vaisseau du Roi d'aumônier, excepté la frégate la *Charente*, pour laquelle il en avoit un prêt à partir, et qui s'y seroit

Ce que représente M. le supérieur dans l'article ci-contre ne convient pas avec la vérification qui a été faite. Toute la nourriture des aumôniers depuis 1705 jusqu'à 1713 compris n'a coûté au Roi, suivant le détail ci-joint, que 11.743 livres 10 sols ; sur quoi messieurs les supérieurs ont touché d'argent comptant 6.630 livres 6 sols, 4 deniers; ainsi reste tout au plus 5.113 livres 3 sols 8 deniers qu'ils peuvent avoir reçu en ordonnances, dont ils doivent avoir été payés en 1713 ainsi que l'avoue M. de Cès (1), qui dit avoir reçu dans son voyage de Paris 18 à 20.000 livres d'argent embarqué si les mesures justes qu'il avoit indiquées, et dont l'exécution ne dépendoit pas de lui, avoient été prises : C'est de quoi, M. de Beauharnois à la preuve en main, et voudra bien avoir la bonté de rendre témoignage.

Que les missionnaires ont plus fait pour le service du Roi en entretenant 8 aumôniers, que les directeurs des séminaires de Brest et de Toulon par l'entretien de vingt : 1° parce que les directeurs des séminaires de Brest et de Toulon ont des revenus sûrs et clairs, suffisants pour le payement des pensions et des appointements des aumôniers en argent et en entier, sans diminution de capitation ni de 4 deniers par livre, et sans déduction du temps qu'ils sont en mer, au lieu qu'il n'y a aucun fond pour le paiement ni des pensions, ni des appointements des aumôniers de la marine de

---

(1) Pierre-Casimir de Cès, né à Évreux, le 12 décembre 1662, supérieur de la maison de Sedan, puis curé de Rochefort.

comptant. Les appointements des aumôniers, à raison de 100 livres par an pour chacun, de 1704, 1705, 1706, partie de 1707, 1708, 1709 et 1710 montant à 5.059 livres, ont été payés comptant à MM. les supérieurs et il n'y a pas d'apparence qu'ils aient payé comptant à ces aumôniers ce qui leur reste dû d'autant plus que plusieurs d'eux ont encore leurs acquits ; d'ailleurs, quand ils l'auroient fait, cela ne pouvoit aller qu'à une très petite somme, car il y a eu peu d'aumôniers pendant les dernières années. Il est aisé d'en être persuadé, quand on saura que toute la nourriture des aumôniers de 1712 n'a coûté à Sa Majesté que 496 livres, 13 sols, 4 deniers et celle de 1713, 473 livres, 6 sols, 8 deniers et qu'ainsi la dépense des gages qui n'est que le tiers de celle de la nourriture, doit être très peu de chose. Si M. de Cès raportoit un compte de la recette et dépense de sa maison depuis Rochefort, le paiement s'en doit faire partie au Trésor royal, partie à celui de la marine et ne s'est fait depuis 1704, qu'en ordonnances, avec déduction sur les 100 livres d'appointements de terre des 4 deniers par livre, d'onze livres pour la capitation et des temps de leurs embarquements ; 2° parce que les dits Missionnaires ont avancé depuis 1704, la pension des dits 8 aumôniers qui se montant à 2.400 livres par chacun an, fait pour 11 années, 26.400 livres. Il est vrai que les dits Missionnaires ont reçu enfin, à force de très humbles prières et d'instantes sollicitations, 11 à 12.000 écus, mais il s'en faut bien que cela n'ait suffi pour la nourriture et entretien de 22 personnes qui composent leur communauté de Rochefort, sans y compter les dits 8 aumôniers ; il leur est encore dû actuellement 12.000 livres ; 3° parce qu'ils ont payé en argent, presque tous les appointements de terre des

1704 jusqu'à présente, l'on verroit aisément que les 11 à 12.000 livres qu'il avoue avoir reçu comptant de Sa Majesté, son casuel qui est considérable et ses autres revenus ont été plus que suffisants pour son entretien et que la recette excède la dépense.

Il est constant que les aumôniers sont mal logés à Rochefort, ils n'ont pour jardin que celui des sœurs de l'hôpital ; il est vrai que les remparts de la ville sont contigus au séminaire et très beaux. Mais c'est dits aumôniers, qui, à raison de 100 livres chacun font 800 livres pour 8 et 8.800 livres pour 11 années, quoi qu'ils les aient reçus en ordonnances, qui font une partie considérable des 19.000 livres qu'ils ont mises en rente sur l'hôtel de ville, sur lesquelles ils souffrent la perte de deux cinquièmes et leur réduction au denier 25 ; 4° parce que, ne se faisant depuis plusieurs années que peu d'armements au port de Rochefort, ils ont épargné des sommes considérables à Sa Majesté qu'il auroit fallu pour l'entretien d'un plus grand nombre d'aumôniers, qui auroit été inutile puisqu'ils ont su jusqu'à présent avec ce qu'ils en ont entretenu pu fournir à tous les vaisseaux du Roi.

Qu'il est beaucoup plus difficile de trouver des aumôniers qui soient honnêtes gens pour le port de Rochefort, situé dans un pays où les prêtres manquent pour le service des paroisses dans tous les une promenade qui peut pas être trop fréquentée pour des ecclésiastiques.

diocèses voisins, comme nos Seigneurs les évêques le peuvent attester, et où les dits aumôniers ne sont payés depuis 1704, qu'en ordonnances avec déduction sur 100 livres d'appointements du temps qu'ils sont en mer, de 11 livres de capitation et de 4 deniers par livres, et respirent un air d'hôpital très mal sain dans un logement délabré très incommode, et sans un pouce de jardin, que pour les ports de Brest ou de Toulon situés dans des pays abondants en prêtres, et où les aumôniers logés sainement, commodément et agréablement sont payés en argent de leurs 100 livres d'appointements sans aucune déduction.

C'est dans ces quatre observations que les Missionnaires de Rochefort espèrent que Monseigneur le Comte de Pontchartrain trouvera des preuves de leur zèle pour le service de Sa Majesté, puisqu'elles gisent en faits aussi faciles à prouver qu'à alléguer.

Comme elles suffisent pour le convaincre qu'ils ont fait réellement pour remplir leur devoir plus qu'ils ne pouvoient moralement, ils osent se promettre de sa bonté qu'elles suffiront pour lui répondre de leur ponctualité à l'exécution de ses ordres, et pour l'assurer qu'ils ne cesseront jamais de faire tout ce qu'ils pourront pour mériter la continuation de la bienveillance dont ils se font un très grand honneur de publier qu'il les en a toujours honoré.

C

Mémoire des frais funéraires de M. de la Madeleine,

Pour M. le curé	9^l 15^s
Pour 5 prêtres assistants	12 »
Pour 7 clercs	1 15
Pour la croix et la brunette	12 »
Pour l'ouverture de la fosse dans l'église.	12 »
Pour le bedeau.	1 10
Pour le fossoyeur.	3 »
Pour un panier de chaux	» 10
	52^l 10^s

J'ai reçu de M. de Sainte-Marte, enseigne de vaisseau, la somme de 52 livres 10 sols, pour les frais funéraires de feu M. de la Madeleine son oncle, suivant le mémoire ci-dessus, fait à Rochefort, le 7 février 1714.

C. M. Le Vasseur, prêtre et procureur de Saint-Louis.

D

Extrait de la dépense faite par le Roi pour la nourriture des aumôniers dans le séminaire de Rochefort à raison de trois cens livres par an pour chacun depuis les années 1704 jusqu'à 1713 compris.

1704.	2.021¹	6	8ᵈ tout payé comptant.
1705.	1.590	13	4 id.
1706.	1.178	13	4 presque payé comptant.
1707.	1.230	10	payé moitié comptant.
1708.	1.143	6	8 id.
1709.	877	6	8 payé trois mois comptant.
1710.	1.575	16	8 id.
1711.	1.155	16	8 n'a rien été payé comptant.
1712.	496	13	4 id.
1713.	473	6	8 payé un mois comptant.
	11.743	10ˢ	0ᵈ
	6.630	6	reçu comptant.
Reste	5.113¹	3ˢ	8ᵈ qui peuvent avoir été payés en ordonnances.

LXXV

1714 (septembre ou octobre). — Le supérieur du séminaire de Rochefort à Pontchartrain. — *Archives de la marine, B³ **226**, fol. 317. Copie.*

Le supérieur du séminaire de Rochefort n'a prétendu dans le mémoire qu'il a eu l'honneur de présenter à Monseigneur le Comte de Pontchartrain que justifier son attention, son zèle, et son exactitude à l'exécution des ordres dont il est chargé ici pour le service de Sa Majesté. Pour ne voir aucune contradiction entre le 1ᵉʳ et le 6ᵉ article du dit mémoire il n'y a qu'à remarquer que, quoi qu'il n'y eût que 2 aumôniers à terre lors de son arrivée à Rochefort, en 1711, il y en avoit en mer qui sont les uns partis, les autres revenus dans la dite année.

Les missionnaires n'ont prétendu et ne prétendent à Rochefort que ce qu'il a plu au Roi leur accorder dans leurs contrats d'établissement, et que ce qui est accordé aux RR. PP. Jésuites à Brest et à Toulon : quand ils seroient assez malhonnêtes gens pour vouloir tromper, ils ne seroient pas assez habiles pour le pouvoir ; tant de gens, que leur devoir empêche de contenter en plusieurs cas, ne manqueroient pas de relever leurs fautes véritables, puisqu'il y en a de temps en temps qui s'oublient assez pour leur en imputer de fausses. L'écrivain de Roi de l'hôpital marque le jour de l'entrée et de la sortie des aumôniers à l'hôpital de Mars, et on marque au bureau des classes, celui de leur embarquement et de leur débarquement. Les missionnaires, enfin, tiennent un registre de l'entrée et de la sortie du séjour à terre et en mer des dits aumôniers.

Il y a actuellement au séminaire, 4 aumôniers : MM. Vayssières, Ferrier, Martin et Capsoli ; et il y en a 4 en mer : MM. Lafosse, Labussière et Makarty, et M. Mahony, absent pour affaires, qu'ils n'ont point marqué dans l'état des pensions depuis son absence et qui auroit été assez tôt de retour pour embarquer sur la *Charente*, si M. d'Arquien ne lui avoit fait de fâcheuses affaires au Cap françois, d'où on l'attend de jour à autre (1).

Le supérieur du séminaire reçut l'année dernière en argent 17.000 et quelques livres, et ce que ses prédécesseurs et lui ont reçu de plus, jusqu'à la concurrence d'environ 36.000 livres, ne remplit pas, à beaucoup près, ce que Sa Majesté a eu la bonté de leur accorder pour leurs pensions à raison de 6.800 livres par an. Sans leur casuel, notablement diminué et diminuant tous les jours, quelque chose

---

(1) C'est une réponse aux observations que Beauharnais avait faites dans la pièce ci-dessus.

qu'ils ont reçu du Trésor royal chargé de leur payer 4.000 livres de 6.800 livres de leurs pensions et leurs emprunts qu'ils n'ont pas encore acquittés, à beaucoup près, ils n'auroient pas pu subsister : ils offrent de donner un état de leurs dettes actives et passives, et d'affirmer, par serment, qu'ils n'ont pas d'autres revenus que ceux qu'il a plu à Sa Majesté de leur donner, leur maison de campagne à Charente (1), et 19.000 livres qu'ils ont été forcés de mettre en rente sur l'Hôtel de ville au moyen de leurs ordonnances sur lesquelles on déduit 2/5 et dont le restant, après cette déduction, ne produit que la rente au denier 25.

Les aumôniers ne peuvent avoir aucuns acquits en main, si ce n'est de leurs appointements de mer, puisque c'est aux missionnaires qu'on délivre ceux de terre; presque tous ont été payés en argent comptant, sans qu'ils aient rien souffert de la collocation de 19.000 livres en ordonnances sur l'Hôtel de ville ; on a fait des avances à plusieurs, et on a offert à quelques-uns, du peu qu'il reste, à payer ce qui leur est dû, ce qu'ils ont refusé pour s'épargner les diminutions.

Les aumôniers n'ont rien au jardin des filles de la charité, et l'entrée ne leur en conviendroit pas.

Non seulement il n'y a point d'année, depuis 1704, où il n'y ait eu 8 aumôniers au séminaire ; mais il y en a eu quelque fois jusqu'à 20 : c'est un fait qui se peut vérifier par le registre tenu chaque année.

On a dû payer aux missionnaires, depuis 1704 jusqu'à 1713 inclusivement pour leurs seules pensions, 68.000 livres à raison de 6.800 livres par an : il n'y a qu'à joindre ce qui leur est dû pour les pensions et appointements des aumôniers pendant ces 10 années, et on verra par ce qu'ils ont reçu, et en remarquant que ce n'est que depuis 1711 qu'ils ont reçu en argent 11.000 écus, combien ils ont souf-

---

(1) L'ancien prieuré Saint-Éloi.

fert et ce qu'ils ont été assez heureux de faire pour le service du Roi.

LXXVI

Vers 1715 (1). — Mémoire du curé de Rochefort pour Monseigneur le comte de Pontchartrain. — *Archives de la marine, B³ 92, fol. 123.*

La lettre que Monseigneur le Comte de Pontchartrain a fait l'honneur d'écrire à M. Bonnet, supérieur général de la congrégation de la Mission, renferme quatre plaintes, de la fausseté desquelles le dit sieur supérieur général et M. Faure, son assistant, ont été témoins au mois de juin dernier.

La première plainte porte que le service du séminaire et de l'hôpital de Rochefort est fort négligé. Quant au séminaire, elle n'a pas même de vraisemblance, puisqu'il n'y a actuellement au dit séminaire qu'un seul aumônier, parce que le nombre de ceux qui doivent y être entretenus n'étant point fixé, la cessation du paiement de leurs appointements et de leurs pensions, et le peu d'armements qui se font en ce port ont fait croire à celui qui en est supérieur qu'il lui suffisoit de prendre des mesures, comme il a toujours fait jusqu'à présent avec succès quoi qu'avec peine, pour que les vaisseaux du Roi n'en manquassent point au besoin. Quant à l'hôpital, le dit supérieur trouva à son arrivée en cette ville, en 1711, qu'il étoit desservi par 2 prêtres seulement, qui suffisoient pour le service du petit nombre de malades qui y étoient alors, sans que personne se plaignit ; néanmoins, il y a environ six mois qu'il y en envoya un troisième, tant pour donner un peu plus de société aux deux autres que pour procurer aux malades, qui sont actuellement en moindre nombre qu'ils n'ont jamais été, puisqu'ils sont une centaine au plus, outre

---

(1) Mention portée sur cette pièce.

les secours nécessaires des instructions plus fréquentes en public et en particulier. Ces trois prêtres y font régulièrement une instruction publique tous les dimanches, les prières communes et la visite des salles tous les jours.

La seconde plainte marque que ceux qui servent le séminaire et l'hôpital sont 3 vieux prêtres au lieu de 8 qui doivent y être entretenus. M. Thibaut, le premier de ces prêtres, n'a que 50 ans précisément ; M. Canaples, le second, n'en a que 47 ; M. Trouvin, le troisième, en a 48 seulement.

Sur les deux contrats qu'il a plu au Roi de faire avec feu M. Jolly, supérieur général de notre congrégation ; Sa Majesté a ordonné que les 14 prêtres, qu'elle a eu la bonté de fonder pour le service de la paroisse, du séminaire et de l'hôpital, ne feroient qu'une même communauté sous un même supérieur, et qu'il seroit construit une maison aux dépens de sa dite Majesté dans laquelle tous les dits prêtres, tous les aumôniers et tous les frères ou domestiques nécessaires pour leur service logés en commun. La dite maison n'étant point encore construite, les dits 14 prêtres, dont le nombre est actuellement complet, les aumôniers, frères et domestiques, ont été logés partie dans une moitié de pavillon, qu'on avoit promis tout entier, où ils ont des chambres qui ne sont fermées que de planches, et respirent un très mauvais air sans aucun jardin, ce qui fait qu'on a peine à trouver des sujets qui veuillent y faire leur demeure, partie dans une maison de louage très étroite et très incommode.

Quoi qu'il n'y ait que trois prêtres résidant dans le pavillon de l'hôpital, cela n'empêche pas que tous les autres ne soient au service du dit hôpital quand le nombre ou le besoin des malades le requièrent, ou quand les dits malades témoignent avoir en quelqu'un d'eux la confiance qu'ils n'ont point aux autres : le supérieur y a été lui-même en ce cas, et y a envoyé plusieurs fois d'autres prêtres que ceux qui résident à l'hôpital.

Il est à remarquer que Sa Majesté, par le dernier contrat de sa fondation, a laissé aux missionnaires la liberté de faire desservir le dit hôpital par des prêtres externes à leurs dépens en veillant sur leur conduite ; tant Elle a été éloignée de vouloir obliger les dits missionnaires à faire résider inutilement 8 prêtres à l'hôpital, au préjudice de la paroisse au service de laquelle ceux qui y sont actuellement ont beaucoup de peine à suffire.

La troisième plainte suppose qu'il arrive souvent qu'il meurt des malades dans l'hôpital sans recevoir les secours spirituels. Cela gît en fait, et je puis bien assurer que, depuis plus de 20 mois que je suis ici, on ne m'en a ni prouvé, ni même allégué aucun qui puisse excuser la témérité de ceux qui ont suggéré cette plainte, ni justifier l'imprudence de ceux qui, sans avoir vérifié les faits, l'ont porté à Monseigneur le Comte de Pontchartrain.

La quatrième plainte met en avant la diversion des livres de la bibliothèque que Sa Majesté avoit donnés. Il paroit, par notre premier contrat, que le Roi a donné ou promis au moins (car je ne sais si cet article a été plus ponctuellement exécuté que plusieurs autres qui ne l'ont point été et ne le sont point encore). Quoi qu'il en soit, malgré le pillage que plusieurs aumôniers en ont fait, les prenant sans les rendre, nous en avons encore pour plus de 200 pistoles.

A ces réponses particulières aux plaintes ci-dessus rapportées, j'espère que Monseigneur le Comte de Pontchartrain agréera bien qu'on en fasse une générale en disant, que si les pauvres missionnaires sont assez malheureux pour se rendre coupables de négligence dans la conduite d'un hôpital de cent personnes, qui y sont très proprement et ne manquent de rien, et conséquemment très facile à desservir, il seroit très importuné des plaintes qui lui reviendroient contre eux pour leur négligence dans la conduite d'une paroisse de 8 à 10.000 âmes, que la misère des temps a changé en un véritable hôpital, où une infinité de malheureux périssent dans l'ordure et manquent de tout : le bonheur qu'ils ont de n'avoir point à se justifier d'aucun leur tient d'une grande justification pour les autres.

Monseigneur le Comte de Pontchartrain peut donc se rassurer contre la crainte de l'abandon ou du relâchement dans le service du séminaire, de l'hôpital et de la paroisse de Rochefort, pour lequel il y a actuellement non seulement les 14 prêtres fondés par Sa Majesté, mais même 15, y compris celui qui est allé solliciter auprès de Monseigneur Desmarets (1), le paiement des 38.000 livres qui leur sont dues ; il peut même compter que celui qui est chargé de leur conduite prendra plutôt le parti de se retirer de Rochefort suivant la permission qu'il en a demandée à ses supérieurs, au cas que Monseigneur Desmarets ne pût pas les soulager, que d'y rester sans y faire son devoir d'honneur et de conscience et sans le faire faire aux autres.

LXXVII

Mémoire que les prêtres de la Congrégation de la Mission établie à Rochefort présentent au Conseil royal des finances sur les difficultés qu'on leur fait en ce port.— *Archives de la marine, B3 59, fol. 144* (2). Copie.

1° On blâme les prêtres de la Congrégation de la Mission de Rochefort, de ce que l'on donne 15 livres par mois à chacun des aumôniers des vaisseaux du Roi pour ses ap-

---

(1) Contrôleur général des finances

(2) La pièce ne porte pas de date ; mais celui qui l'a classée indique qu'elle est de 1689. Cette date est manifestement inexacte, puisqu'il y est question de Pontchartrain, qui fut secrétaire d'État de la marine en 1691 ; il était depuis 1689 contrôleur général et gardait la marine ; mais l'acte qu'on lui attribue paraît avoir été plutôt accompli par lui en qualité de secrétaire d'État de la marine.

pointements de terre et l'on veut retenir au Trésor sur ce qu'on peut devoir aux missionnaires, 20 livres que chaque aumônier a reçu de cette sorte depuis longtemps au dessus des 400 livres auxquelles sont fixées par an les pensions des dits sieurs aumôniers, y compris leurs gages de terre. Les dits prêtres de la Mission de Rochefort supplient très humblement le Conseil royal des finances, d'avoir la bonté d'examiner s'il y a de la justice qu'on reprenne sur leurs pensions ces 20 livres. Il est bien sûr, que ce n'a point été par l'autorité des missionnaires, que les aumôniers ont reçu ces 20 livres, et que cette même somme n'a pu aussi aucunement tourner au profit des dits prêtres de la Mission. D'où il paroit que s'il y avoit pu avoir quelque mal en ceci, ce seroit aux officiers de ce port, qui seuls ont pu déterminer les gages des aumôniers, à qui l'on pourroit en faire rendre compte, et non pas aux prêtres de la Mission, qui n'en peuvent être responsables. Comme ils ne le sont pas non plus, si avant leur établissement dans ce port et quelque temps encore après, le Roi donnoit sur terre aux aumôniers 25 livres par mois pour leurs gages. Si bien que, si dans la suite et depuis longtemps, pour commencer à réduire les aumôniers, aux 400 livres auxquelles montent leurs pensions et leurs gages de terre on leur a donné pour leurs appointements de terre, 15 livres par mois, les Missionnaires n'en peuvent être la cause ; vu principalement que c'est à leur préjudice que la chose s'est faite, c'est-à-dire en prenant 60 livres sur les 300 livres de pension, que les missionnaires avoient touchées pendant longues années pour chaque aumônier, comme on fait encore à présent à Brest et à Toulon.

Nos seigneurs du Conseil royal des finances peuvent voir par tout ceci à combien peu de justice on retient avec les pensions des missionnaires 20 livres par an que chaque aumônier a touchées au dessus des 400 livres qui leur sont affectées dans la fondation du séminaire royal de ce port, pour leurs pensions et gages de terre, puisque non seulement on veut prendre sur les missionnaires, des sommes qu'ils n'ont ni reçues ni fait payer, mais qu'on veut encore leur faire payer un dommage réel ou prétendu, qui ne s'est fait qu'en leur en causant un très véritable et trois fois plus grand.

Il n'importe pas aux missionnaires, sur quel pied il plaira au Conseil royal de régler à l'avenir les appointements de terre des aumôniers, bien qu'ils se sentent obligés de lui représenter que le séminaire demeureroit désert si l'on discontinuoit de donner 15 livres par mois à chaque aumônier pour ses gages de terre : mais il leur importe beaucoup qu'il plaise au Conseil royal, de faire remonter à 300 livres, comme on faisoit auparavant, la pension de chaque aumônier, étant absolument impossible de nourrir honnêtement les aumôniers comme il convient pour 13 sols par jour dans une ville, où tout est d'une cherté incroyable ; et où les ouvriers dépensent communément plus de 13 sols tous les jours pour leur nourriture.

2° L'on retient sur la pension des prêtres de la Mission de Rochefort le prix de quelques repas qu'ils ont marqué sur l'état des pensions des aumôniers au delà du jour de l'armement. Les missionnaires supplient très humblement nos seigneurs du Conseil royal des finances, de vouloir considérer, que les dits missionnaires n'ont pas toujours pu savoir précisément le jour de l'armement : mais qu'il est toujours très vrai qu'ils n'ont marqué que les repas qu'ils ont effectivement donnés, et qu'ils n'ont point demandé beaucoup de repas qu'ils ont donnés, quelque fois pendant des huit, dix ou douze jours ; à cause que les vaisseaux du Roi, sortant de ce port et y rentrant sans être en état et armés, les aumôniers pendant qu'ils sont en rade n'y peuvent souvent demeurer longtemps sans de notables incommodités. Ce qui les obligeroit d'aller au cabaret, si les missionnaires n'avoient la considération de les recevoir à leur table. Et c'est aussi ce qui obligea M. le Comte de Pontchartrain, lors de sa visite à Rochefort, de fixer la fin et le terme de la pension des aumôniers au jour de la revue générale, qui se fait à l'île d'Aix. A laquelle règle les missionnaires n'ont cessé de se conformer, que depuis qu'on a commencé de les inquiéter ; faisant attention, qu'ils n'avoient point cet ordre par écrit, qu'ils supplient très humblement le Conseil royal des finances d'avoir la bonté de leur faire donner.

3° L'on retient depuis longtemps au Trésor une somme sur les pensions des missionnaires de Rochefort, parce que l'on prétend qu'il paroit par l'état de l'écrivain de l'hôpital que quelques aumôniers, de fois à autre n'avoient pas demeuré aussi longtemps à l'hôpital que les missionnaires avoient marqué dans l'état des pensions des aumôniers ; sur quoi les prêtres de la Mission prient le Conseil royal des finances avec tout le respect possible de vouloir considérer qu'à Brest, on ne retranche rien aux Pères Jésuites des 300 livres de pension pour chaque aumônier, pour le temps qu'il demeure à l'hôpital, et qu'on peut faire la justice aux missionnaires d'ajouter plus de foi aux états qu'ils font des pensions avec une grande exactitude, qu'à ceux d'un écrivain, qui ne peut savoir les jours qu'un aumônier entre à l'hôpital, ou qu'il en sort, que sur le témoignage de quelqu'un des domestiques, qui, étant extrêmement occupés, peuvent facilement s'oublier du jour de l'entrée ou de la sortie des aumôniers malades. Ce qui est si vrai que les missionnaires sont en état de montrer, qu'on a marqué présent à l'hôpital un aumônier les mêmes jours qu'il étoit à La Rochelle. Le Conseil royal est très humblement supplié de lever cette difficulté pour le passé et d'ordonner, qu'à l'avenir, les aumôniers ne puissent aller à l'hôpital sans un billet de leur directeur, qu'ils feront voir à l'écrivain de l'hôpital, sur lequel le même écrivain mettra ensuite le jour qu'un aumônier sera sorti de l'hôpital, ce billet sera remis entre les mains du directeur. Les Prêtres de la Mission sont prêts et le seront toujours de rendre raison des états des pensions des aumôniers dans l'année qu'ils les présentent ou peu de temps après ; mais il leur est absolument impossible de pouvoir justifier les états des années depuis longtemps écoulées qu'on leur demande, parce que les supérieurs et les directeurs de ce temps-là sont décédés, et que ceux d'à présent, ne trouvant point de minutes des dits états, ne peuvent alléguer pour défendre leur communauté, que la justice et l'équité dont leurs prédécesseurs ont toujours fait profession.

On peut juger de la justice avec laquelle ils ont dressé leurs états de pensions, par leur désintéressement qui a été tel qu'ils n'ont point voulu faire demander au Roi qu'il plût à Sa Majesté leur faire délivrer une somme fort notable, qu'il a fallu que leur communauté de Rochefort ait donné pour faire unir au séminaire royal des aumôniers de ce port le prieuré de Saint-Vivien donné par Sa Majesté au dit séminaire. Ils n'ont pas demandé non plus la moins value de ce prieuré qui, étant donné au séminaire sur le pied de 1.000 livres franches et quittes, n'a produit pendant 12 ans consécutifs, que 6 à 700 livres, non plus que 100 livres par an que les missionnaires ont payées pendant cinq années pour le louage plus que nécessaire d'une petite maison joignant celle où ils sont logés, dont le Roi jusqu'ici n'a point payé le loüage. Des personnes qui ne demandoient point ce qui leur appartenoit très justement et qu'ils avoient tout lieu d'espérer de la justice de leur très magnifique fondateur étoient bien éloignées de penser à faire tort à Sa Majesté.

Mais quand même, involontairement et par surprise, il se seroit commis quelque erreur dans les états des pensions des aumôniers, cela n'empêcheroit pas qu'on ne dût espérer de la bonté et de la justice du Conseil royal des finances, qu'il arrêtât les poursuites que l'on fait pour des sommes qui ne peuvent être que légères contre les prêtres à qui le souverain respect qu'ils portent au Roi ne permet pas de demander des sommes considérables qu'ils ont dépensées, comme on vient d'expliquer, et dont leur communauté est encore à présent notablement incommodée.

Enfin ils supplient très humblement nos seigneurs du Conseil royal des finances de permettre qu'ils leur représentent avec tout le respect imaginable, que pour peu qu'on retranche de la pension des missionnaires, par des recherches qui, d'ailleurs les déshonorent, ils ne pourront pas subsister ici, vu que le casuel de l'église, qui leur a été laissé pour suppléer à la modicité des pensions de la moitié de leur communauté, produit, surtout dans ces temps difficiles et fâcheux, infiniment moins qu'on ne pense et que la Cour n'avoit espéré.

LXXVIII

Sans date. — Mémoire sur le cimetière de Rochefort. — *Archives de la marine, B3 111, fol. 125.*

Les prêtres de la Mission ont obtenu un emplacement dans le jardin de la maison du Roi pour y bâtir leur église et leur maison, sans que, dans l'ordre qui a été expédié, il soit parlé de cimetière. Cependant, lorsqu'on a travaillé en exécution à marquer le terrain nécessaire pour l'église et la maison, on a été surpris de la demande qu'ils ont faite d'un terrain très étendu entre le lieu destiné pour l'église, et la maison du Roi, dans lequel ils ont prétendu mettre un cimetière. Ce qui paroit si contraire aux intentions du Roi qu'on n'a pas cru se devoir dispenser de remontrer très humblement à Sa Majesté qu'il n'y a point d'apparence qu'en faisant aux prêtres de la Mission la grâce qu'Elle leur a faite, Elle ait voulu, en même temps, rendre sa maison inhabitable par l'air infecté qui y est déjà, étant d'un côté située sur le marais et la rivière, qui est la situation de la ville la plus malsaine, et mettant de l'autre, qui est précisément le dessus du vent, un cimetière dont l'air est toujours infecté. Il n'y a point de remède pour se garantir de la malignité de l'air du marais ; mais, comme il n'y a aucune nécessité de placer un cimetière immédiatement au dessous des fenêtres du cabinet de l'intendant, dans lequel il passe la plus grande partie de sa vie, qu'il consacre uniquement au service de Sa Majesté, il espère qu'elle voudra bien ordonner que le cimetière demeure où il est, ayant été placé, de concert avec les prêtres de la Mission, à une des extrémités de la ville, proche des remparts dans un terrain que les habitants ont acheté, fait clore, ouvert une rue pour en abréger le chemin et y aller commodément ; ce qui leur a coûté plus de 2.000 écus depuis 6 à 7 ans, et s'est fait de concert avec les prêtres de la Mission, qui ont tort de se plaindre de l'éloignement, étant certain qu'il est assez proche du lieu où ils vont bâtir leur église, et que, pour peu qu'ils ne fussent pas prévenus, ils devroient souhaiter de l'éloigner de leur maison qui sera très malsaine s'il y a un cimetière sous leurs fenêtres. D'ailleurs, il est certain qu'on éloigne toujours, autant qu'il est possible, les cimetières de l'intérieur des villes, et que celle de Rochefort, qui s'embellit tous les jours par les maisons que les habitants s'efforcent d'élever, seroit déshonorée par ce cimetière qu'on prétend placer dans un des plus beaux et des plus commodes emplacements de la ville. Et les pauvres habitants seroient très affligés de n'oser, à l'avenir espérer la consolation d'être enterrés avec leurs pères qui reposent dans l'ancien cimetière qu'il faudroit détruire ce qui est contraire au respect que toutes les nations du monde et particulièrement les chrétiens ont toujours eu pour les cendres des morts.

La Rochelle, Imprimerie Nouvelle Noël Texier.

www.ingramcontent.com/pod-product-compliance
Lightning Source LLC
Chambersburg PA
CBHW070519100426
42743CB00010B/1877